MW01700085

KHAJURAHO

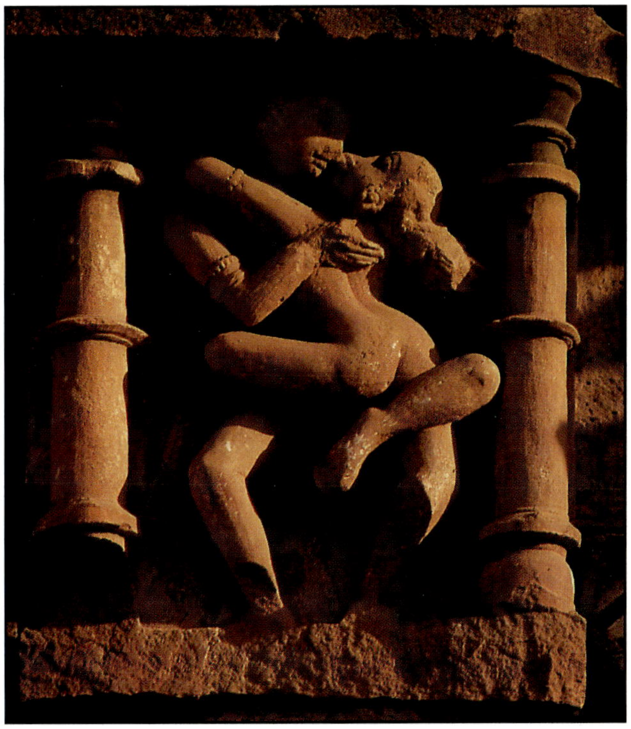

Les temples de Khajuraho sont une célébration en pierre de la passion humaine, un foisonnement de sculptures érotiques. En voici un exemple: ce couple amoureux est d'une petite niche orientée au nord du temple de Vishvanath. Dans un geste de soumission totale, la femme enlace à l'homme le cou de ses bras comme une guirlande.

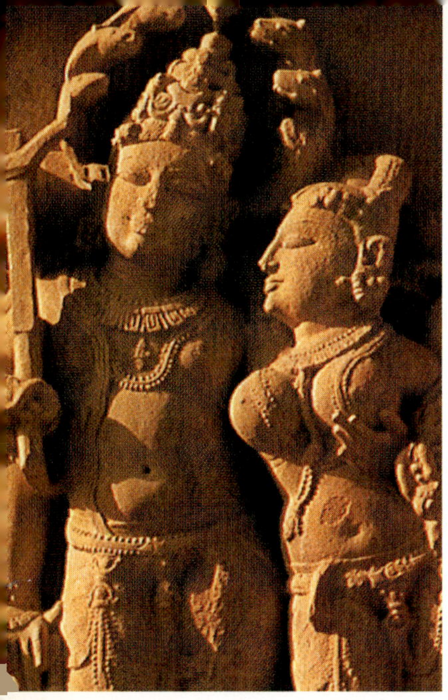
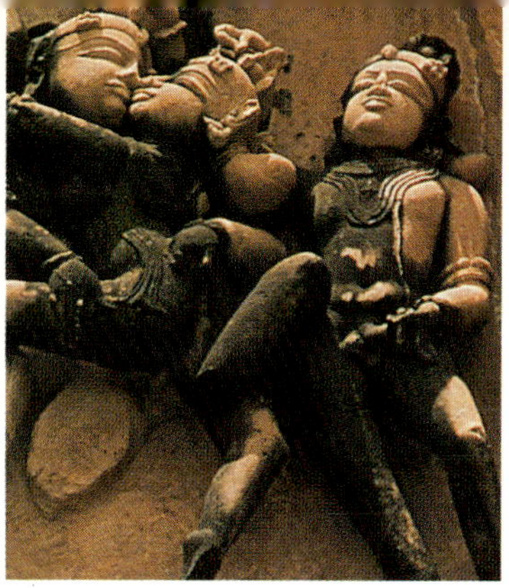
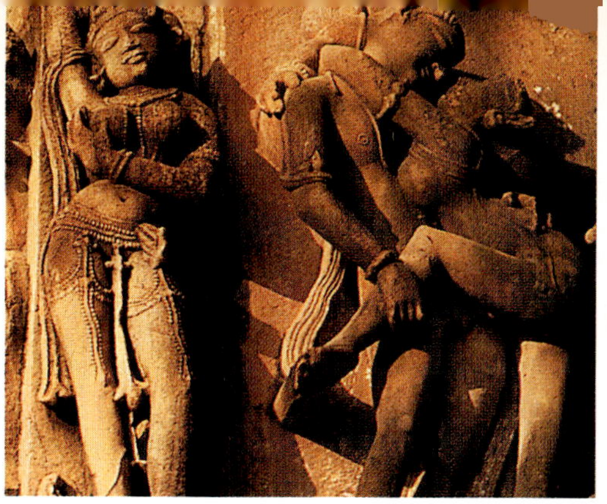
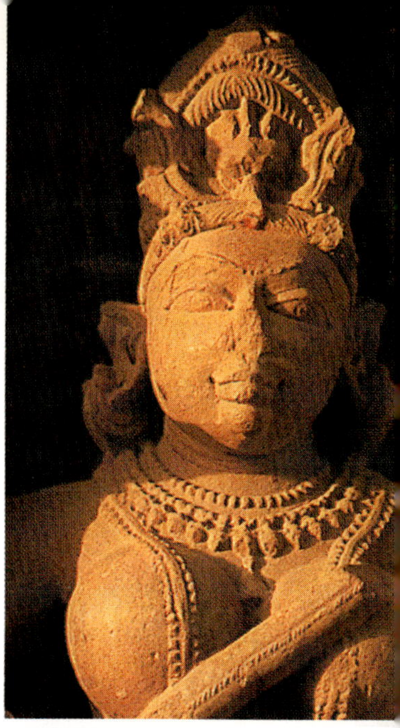
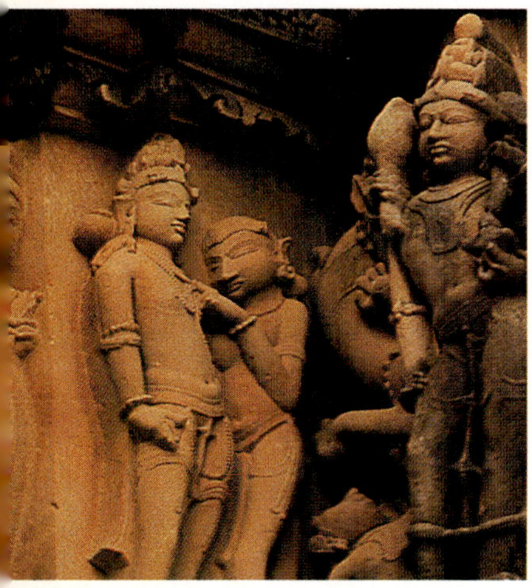
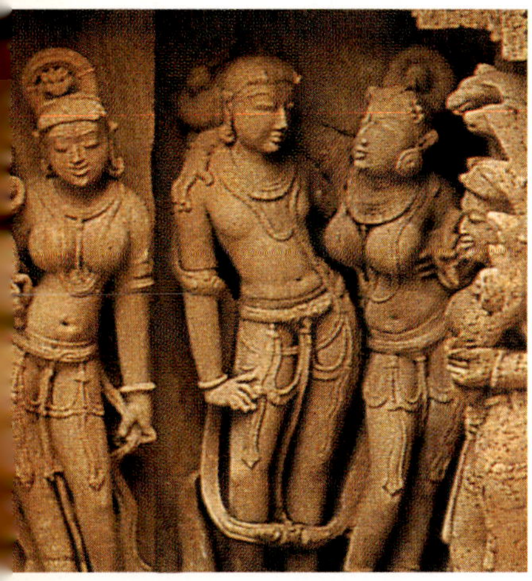
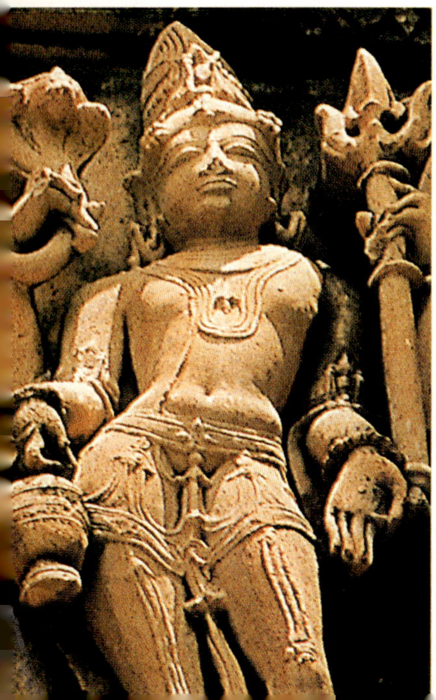

Remerciements

Mes remerciements tout d'abord à nos érudits (Mulk Raj Anand, Kanwarlal, Vidya Prakash, Krishna Deva et beaucoup d'autres), dont les oeuvres ont été d'une aide précieuse à pénétrer dans les mystères de Khajuraho. Je remercie aussi les amis de Khajuraho--écrivains et voyageurs des quatres coins du mondequi ont partagé leurs expériences avec mois pendant plus de vingt ans; le guide Brijendra Singh; mon ami Kishore Singh—sans ses encouragements, je n'aurais jamais écrit ce livre; mes enfants Ritika et Pragun qui m'ont persuadée que vouloir écrire ce livre n'était pas si présomptueux que ça; mon mari Kranti et ses frères dont l'engagement à la cause de Khajuraho a fini par me gagner; et enfin mon feu bel-père Shyam Poddar, la vértiable inspiration qui nous a motivé tous à faire du Khajuraho un haut-lieu du tourisme international.

Le photographe remercie D.N. Dube, ami qui l'a initié à la photographie créative; Brijendra Singh, une mine d'informations sur Khajuraho; l'hôtel Chandela pour son hospitalité; et enfin les chauffeurs et guides très aimables de Khajuraho.

© Lustre Press Pvt. Ltd., 1995
M 75 GK Part II (Market)
New Delhi 110 048

Conçu et créé par Lustre Press Pvt. Ltd., New Delhi
ISBN: 2-86535-228-5

1995, Celiv Paris

Traduction: Asha et Punam Puri

Le texte est de Pramila Poddar (Lustre Press).
Photographies: Pramod Kapoor.
Les photos des pages suivantes sont de:
Karoki Lewis (pages 16, 17, 33, 68-69, 73, 84, 86, 87, 91);
D.N. Dube (pages 62, 71);
Avinash Pasricha (page 90);
Archeological Survey of India (photos des temples d'Adinath, de Chaturbhuj, de Devi Jagdamba, de Duladeo, de Vamana et de Vishvanath aux pages 92, 93 et 96).
Introduction, légendes et texte des pages 17, 32-51, 62 et 90: Kishore Singh.
Coordination éditoriale: Lakshmi R. Iyer.
Mise en page: Fleming George P. et Monika Raj Malik
Direction artistique: Sudhir Peter.

Imprimé à Singapour
par Star Standard Industries Pte. Ltd.

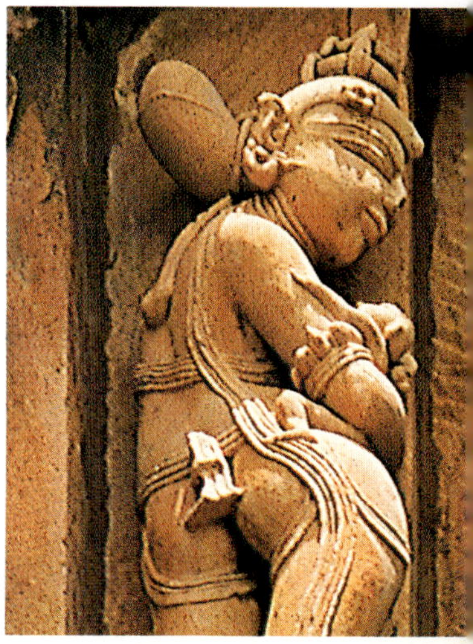
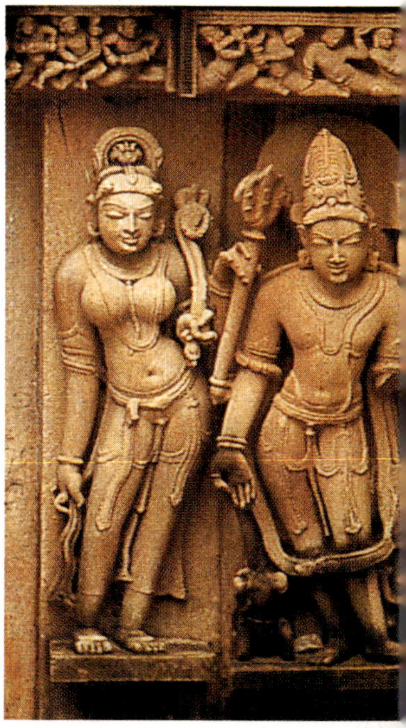
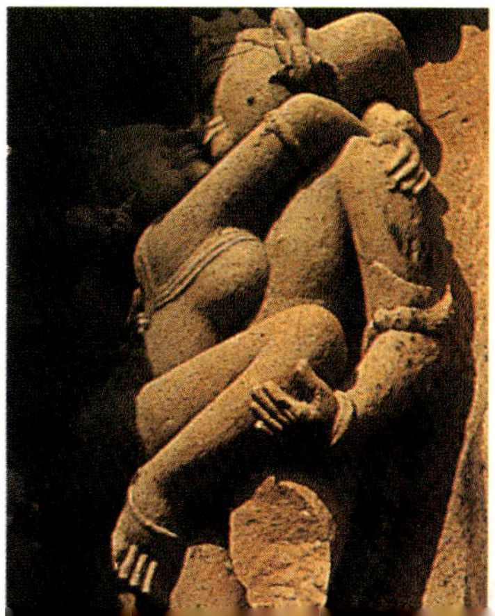
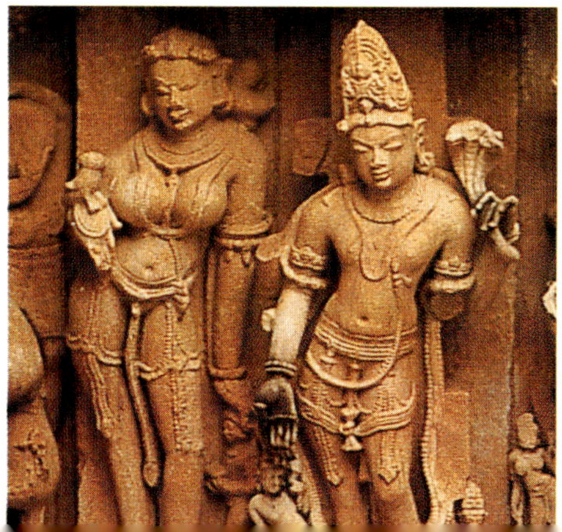
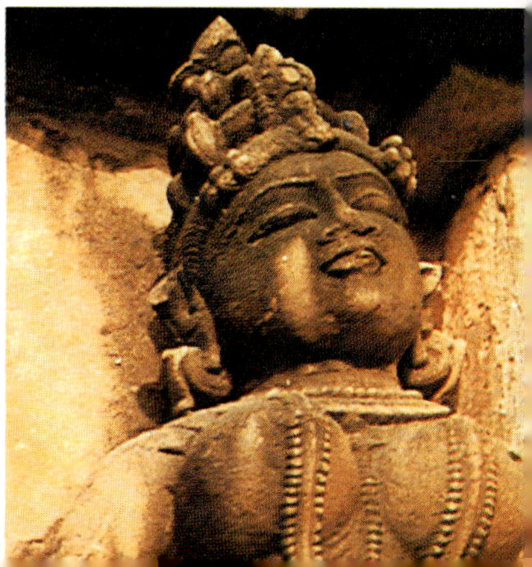

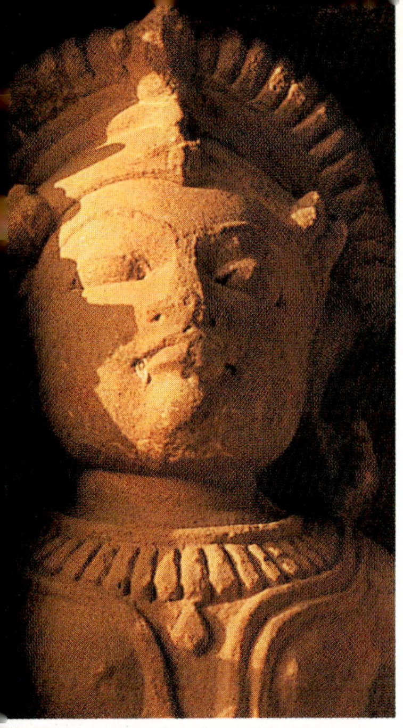
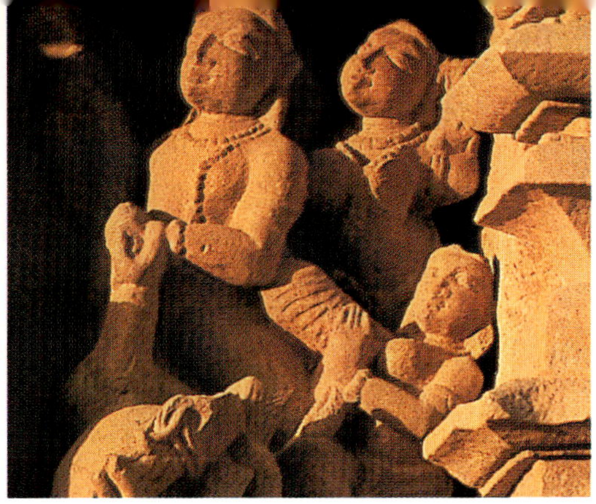
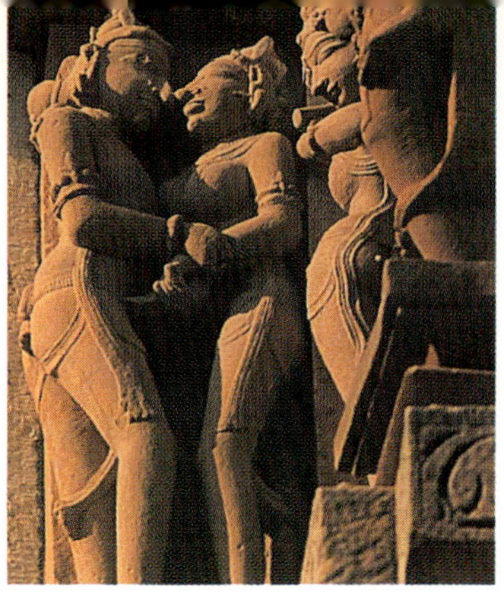
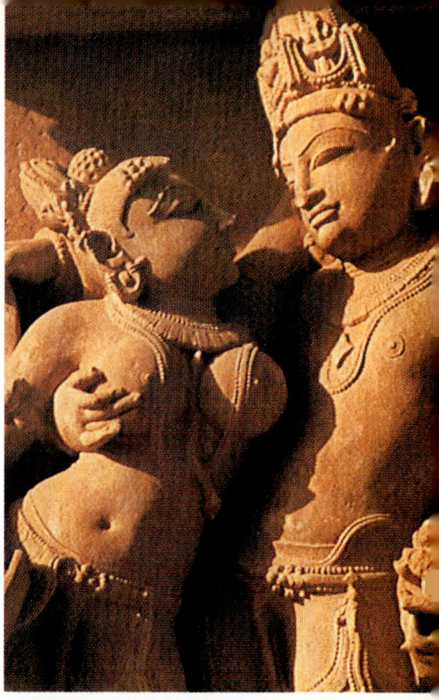

KHAJURAHO

❖ Les Temples D' Amour ❖

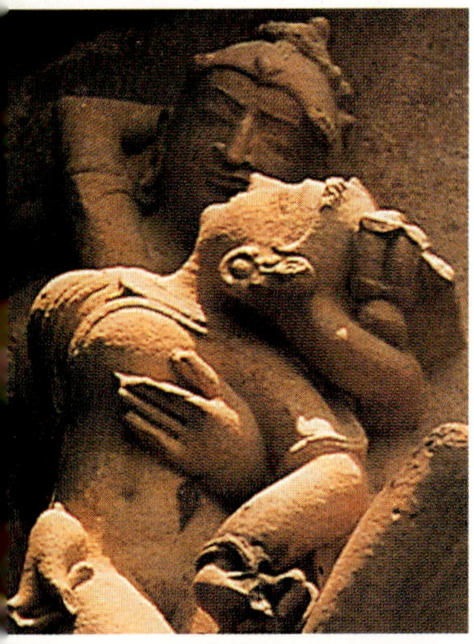
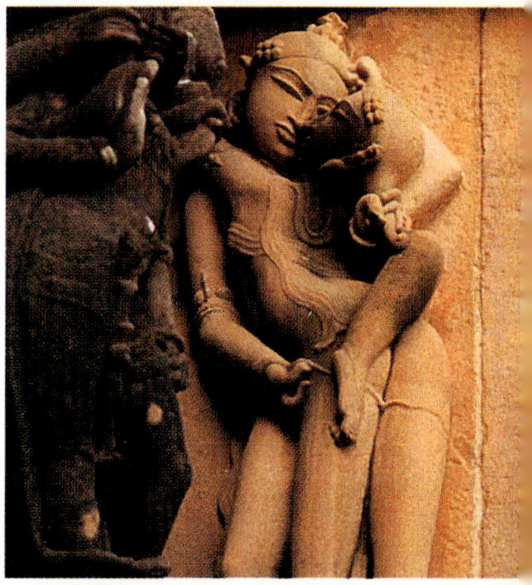
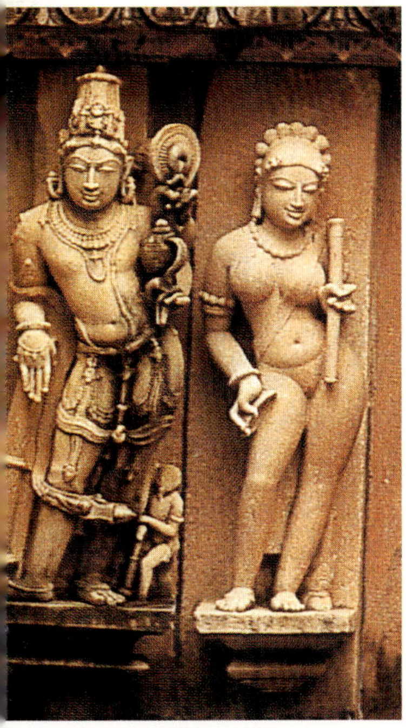
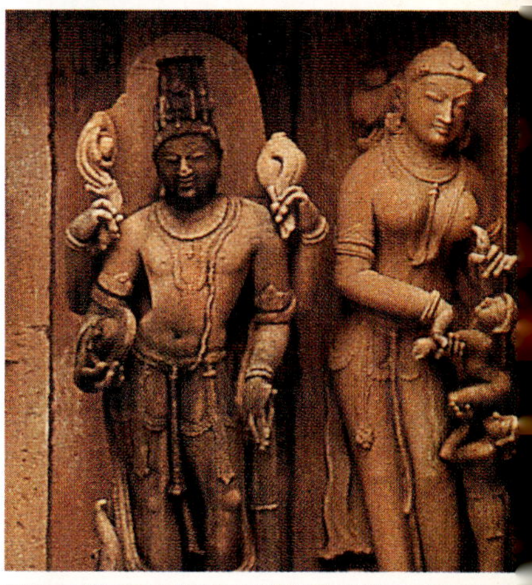

Texte
Pramila Poddar

Photographies
Pramod Kapoor

CELIV

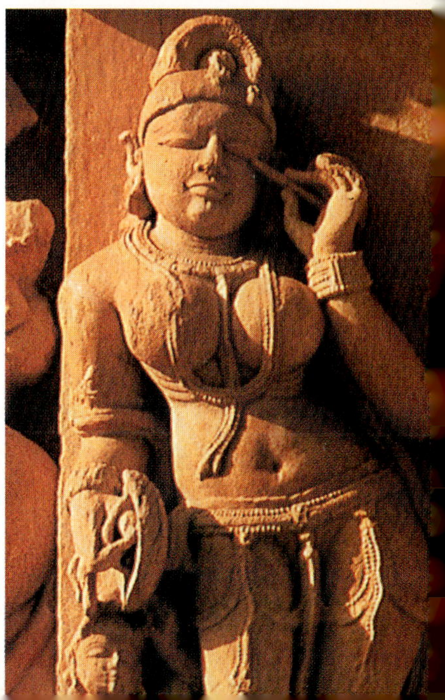
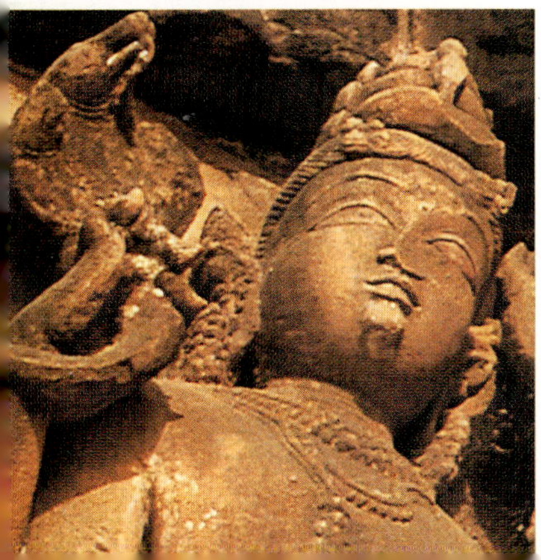
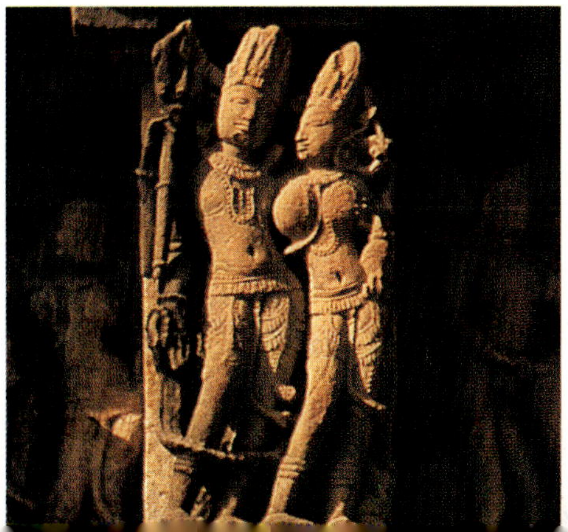
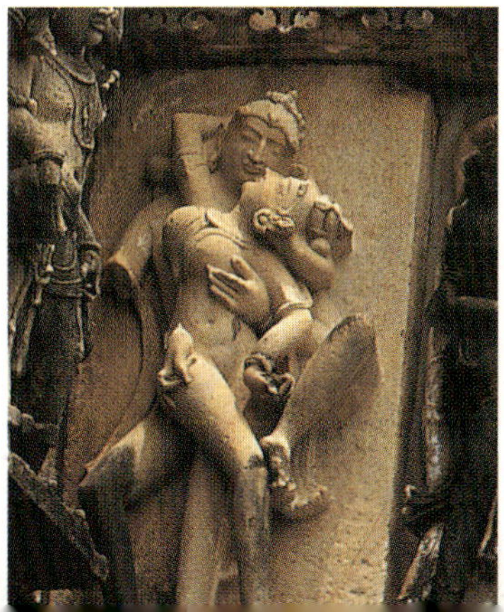

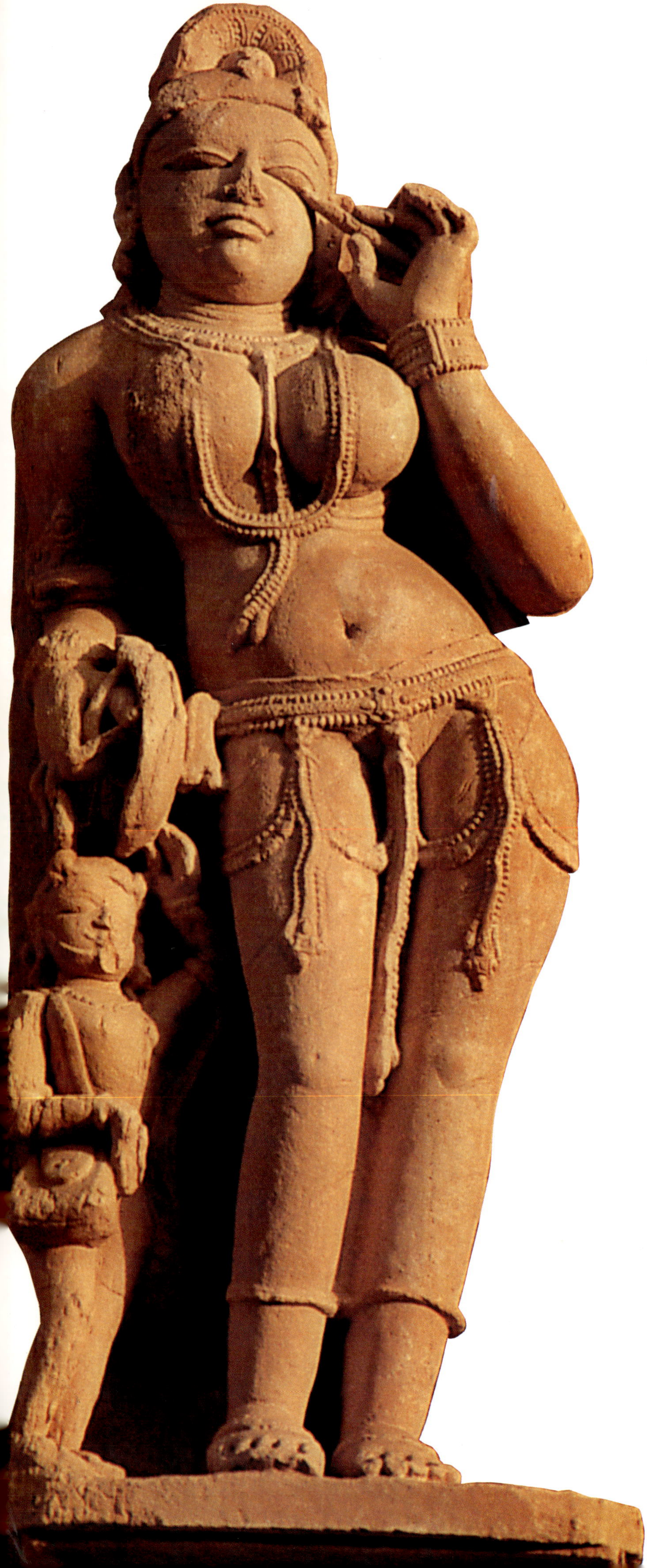

Tableau Chronologique

Les rois Chandelas qui régnèrent sur Khajuraho

Nannuk	831
Vakpati	831-850
Vijaishakti	850-900
Rahil	880-900
Harshdev	900-925
Yashovarman	925-954
Dhang	954-1002
Gand	1002-1018
Vidyadhar	1018-1029
Vaijpa	l029-1050
Devvarman	1051-1060
Kirtivarman	1060-1100
Sallakshanvarman	1100-1115
Jaivarman	1115-1120
Prithvivarman	1120-1129
Madanvarman 1129-1163	
Yashovarman II	1163-1165
Parmadidev	1165-1202
Trailokyavarman	1205-1247
Virvarman	1247-1287
Bhojvarman	1288-1289
Hammirvarman	1289-1308
Virvarman II	1315

Table Dès Matieres

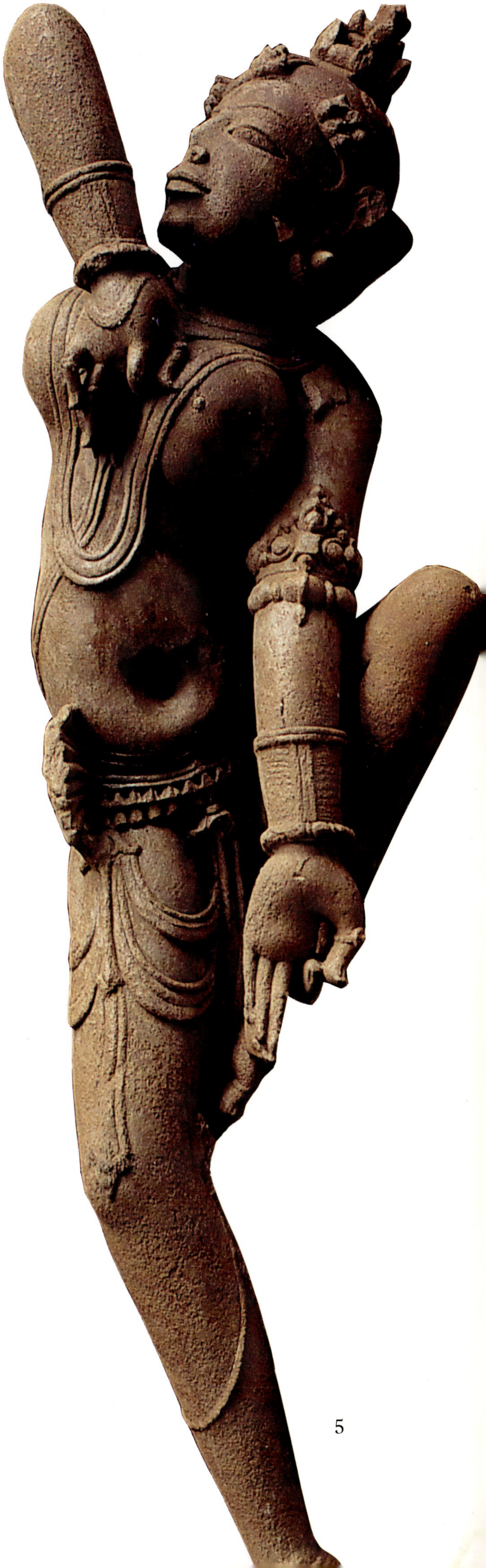

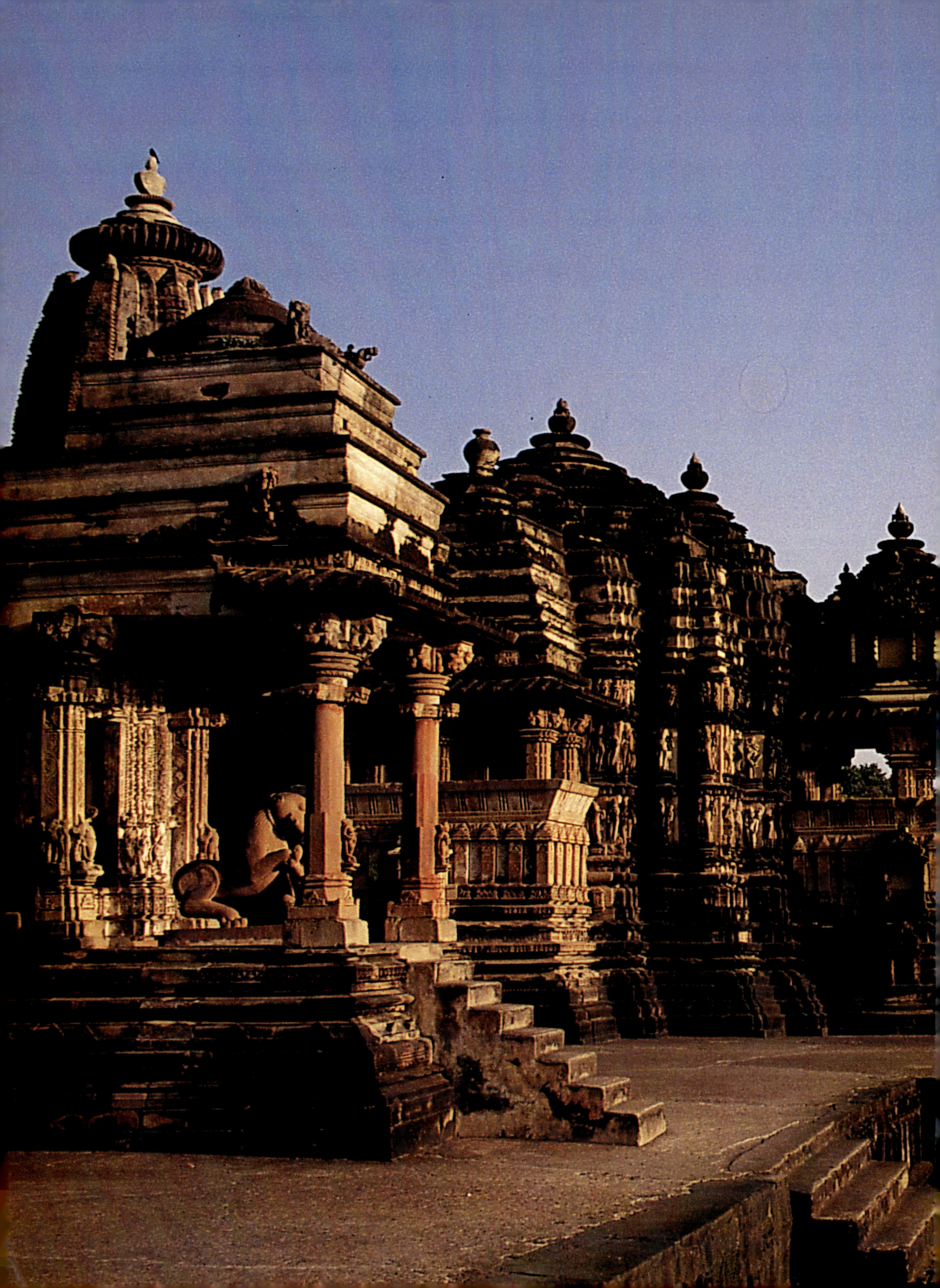

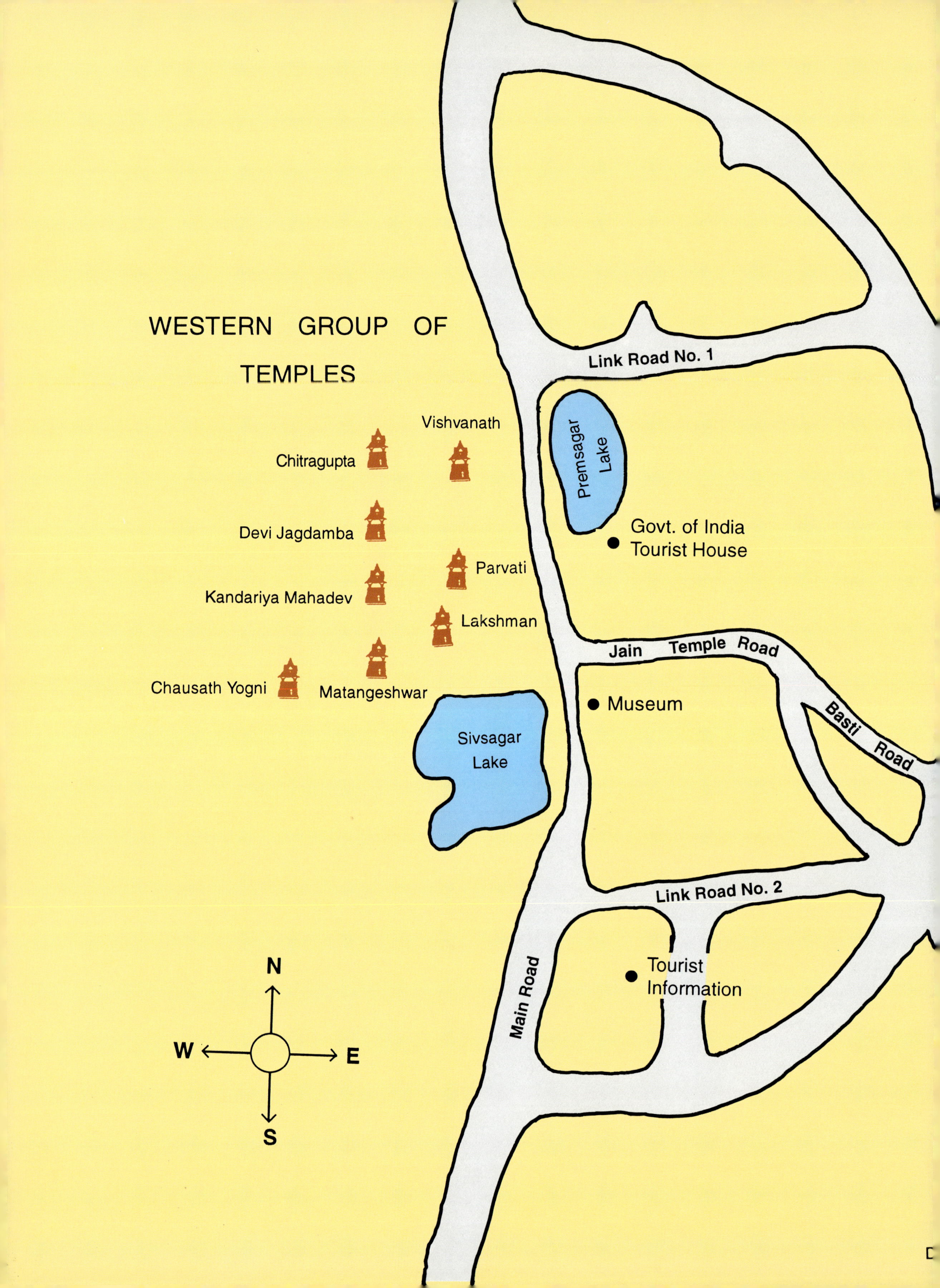

WESTERN GROUP OF TEMPLES
Vishvanath
Chitragupta
Devi Jagdamba
Parvati
Kandariya Mahadev
Lakshman
Chausath Yogni
Matangeshwar
Sivsagar Lake
Premsagar Lake
Link Road No. 1
Govt. of India Tourist House
Jain Temple Road
Museum
Basti Road
Link Road No. 2
Tourist Information
Main Road
N
W
E
S

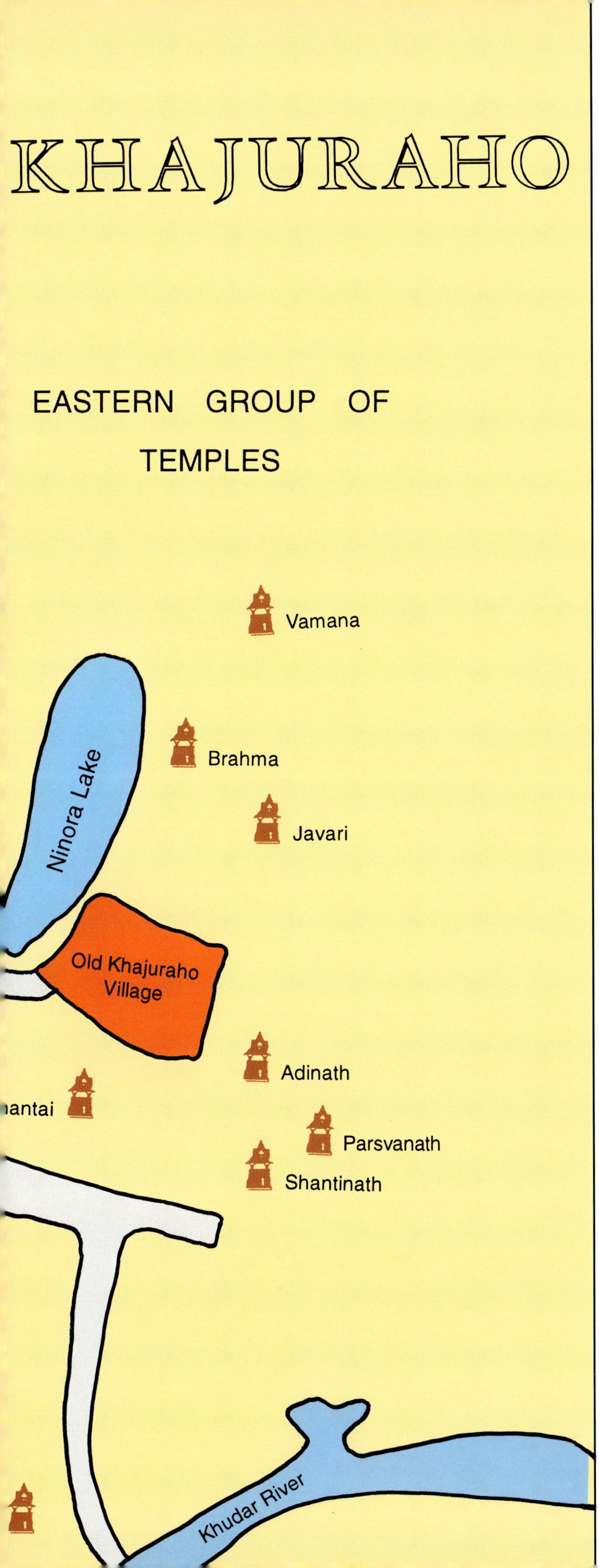

Introduction

Le village de Khajuraho, c'est comme tout autre village indien. Seulement, ce village-là a un riche patrimoine: ses temples médiévaux sont la fusion parfaite de l'architecture et de la sculpture.

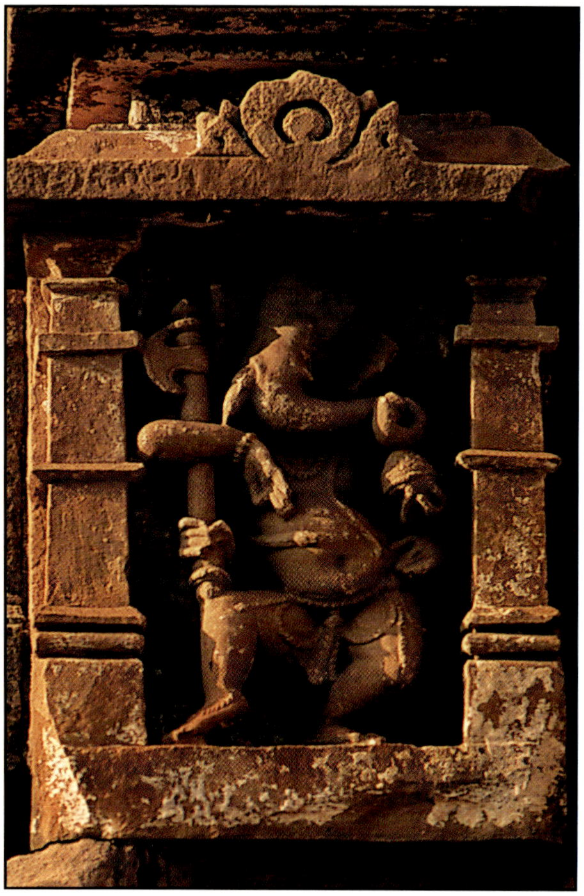

Ganesh dansant d'une petite niche du temple de Vishvanath; le fils de Shiva est très populaire, car l'un de ses attributs, c'est de pouvoir écarter les obstacles. Ce dieu ventru à tête d'éléphant est représenté de plusieurs façons: tantôt un père, tantôt un mendiant ou danseur cosmique.

SITUE DANS L'ETAT DU MADHYA PRADESH, Khajuraho est célèbre dans le monde entier pour l'architecture et la sculpture de ses temples. Vieux de mille ans, leur construction demanda plus d'un siècle et leur architecture constitue sans doute l'apogée du style 'nagara' de l'Inde du nord. Des 85 temples qui auraient été bâtis du 10e au 12e siècle, il n'en existe aujourd'hui que 20 dont certains ont gardé leur splendeur primitive, d'autres ont subi les ravages du temps.

Autour de Khajuraho, c'est la forêt. Le village ne compte que 3000 habitants et se trouve dans une petite clairière. Pourtant, chaque année des milliers de touristes s'y rendent des quatres coins du monde. Hôtels, restaurants, magasins de souvenirs précèdent l'entrée des temples qui se divisent en deux groupes bien distincts. Des gamins colportant bibelots et eau minérale changent rapidement de langue - espagnol, français, allemand - selon la nationalité de leurs interlocuteurs. Les enseignes aussi sont multilingues, et l'avion a cessé depuis longtemps d'exercer une fascination sur les villageois qui ne lèvent plus la tête au ronronnement d'un appareil.

Bien entendu, l'activité touristique gravite autour des temples. Ceux-ci furent construits par des rois Chandelas qui prétendent être les descendants du dieu-lune. La légende veut que le chef de ce clan fût un guerrier vaillant qui tuait des lions à mains nues (d'où l'emblème d'un homme luttant contre un lion qu'on voit souvent dans les temples). On dit que le dieu-lune séduisit sa mère Hemvati et c'est pour le salut de celle-ci qu'il avait fait construire plus tard ces temples. Du 10e jusqu'au début du 12e siècle, des milliers de sculpteurs, d'architectes et de maçons travailleront pour mettre en place cette profusion de temples. Quel dommage qu'il n'existe aucun témoignage de cette activité intense. Quand le dernier temple s'achèvera, la dynastie Chandela sera déjà tombée dans l'oubli.

Khajuraho ne fut que très brièvement la capitale des Chandelas; ils régnèrent pour la plupart à partir de Kalinjar et de la région de Bundelkhand; Khajuraho resta un centre religieux. L'aspect le plus frappant de ses temples, c'est l'abondance des sculptures qui ornent les façades et les murs des sanctuaires. Que les divinités s'y trouvent largement représentées est bien compréhensible; on comprend également cette célébration de la forme féminine. Mais comment expliquer la grande fréquence des poses érotiques dans ce qui était essentiellement un centre religieux? Au cours des années, on a fourni de nombreuses explications dont aucune ne s'est révélée satisfaisante. Ces temples, étaient-ils des centres du tantrisme, forme religieuse qui considère le sexe comme élément indispensable à la réalisation de l'Absolu? Ou bien étaient-ils tout simplement une réaction à l'austérité du bouddhisme? Peut-être qu'on trouvera la bonne réponse, car les fouilles continuent dans cette région, mais une chose est sûre: à un moment donné, le bouddhisme y était très influent, de même que les rites tantriques jouissaient d'une grande popularité lors de l'époque médiévale.

Avec le déclin des Chandelas, l'importance de leur capitale occasionnelle diminua également. Les denses forêts de Khajuraho donnaient peu de revenus, servant toutefois à repousser les envahisseurs musulmans (ceux-ci ne s'intéressaient guère aux temples; quant aux sculptures, elles les auraient sûrement offusqués. Elles ont certainement choqué T.S. Burt, l'ingénieur britannique qui est supposé les avoir 'découvertes'). Cependant, les villageois continuaient à fréquenter les temples, un en particulier - celui de Matangeshwar Mahadev - surtout à l'occasion de Shivratri. Les premiers voyageurs tels Alberuni et Ibn Batuta se bornèrent à signaler leur existence sans donner plus de détails, peut-être à cause du fait qu'ils étaient abandonnés, envahis par les mauvaises herbes.

C'est Burt qui annonça leur présence au monde, et les premières données furent recueillies par le général Alexander Cunningham qu'il publia dans les rapports du 'Survey of India'. Au début de ce siècle, on s'intéressa de nouveau aux temples, mais à cause de leur accès difficile, les visiter régulièrement était presqu'impossible. Petit à petit, on aménagea des routes, l'infrastructure fut mise en place. Puis on y construisit un hôtel de luxe, et une fois de plus la curiosité fut éveillée. Ainsi commença la résurrection de Khajuraho.

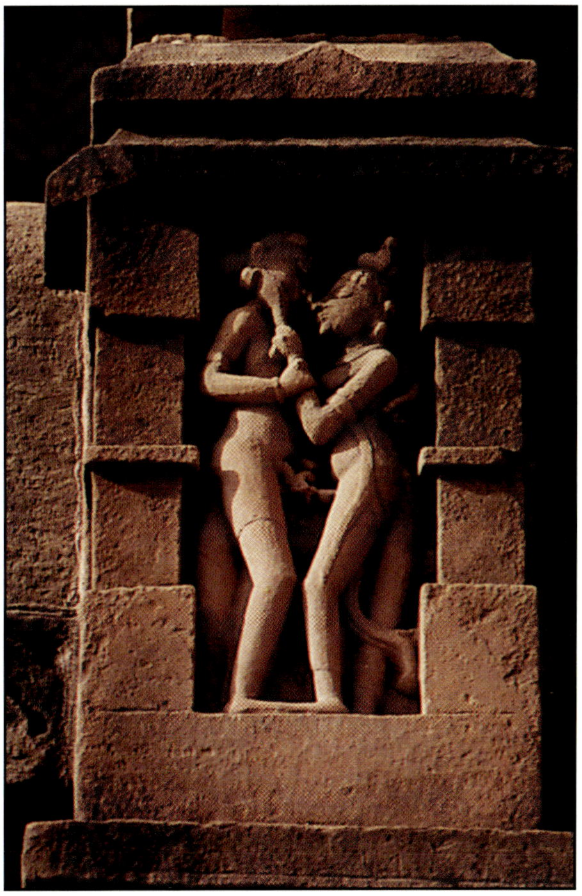

Orientée au nord-est, cette petite niche du temple de Kandariya Mahadev dépeint un couple amoureux. Le sculpteur a pris des libertés, s'exprimant avec humour: la femme tire à la barbe de l'homme tandis qu'il lui fait l'amour.

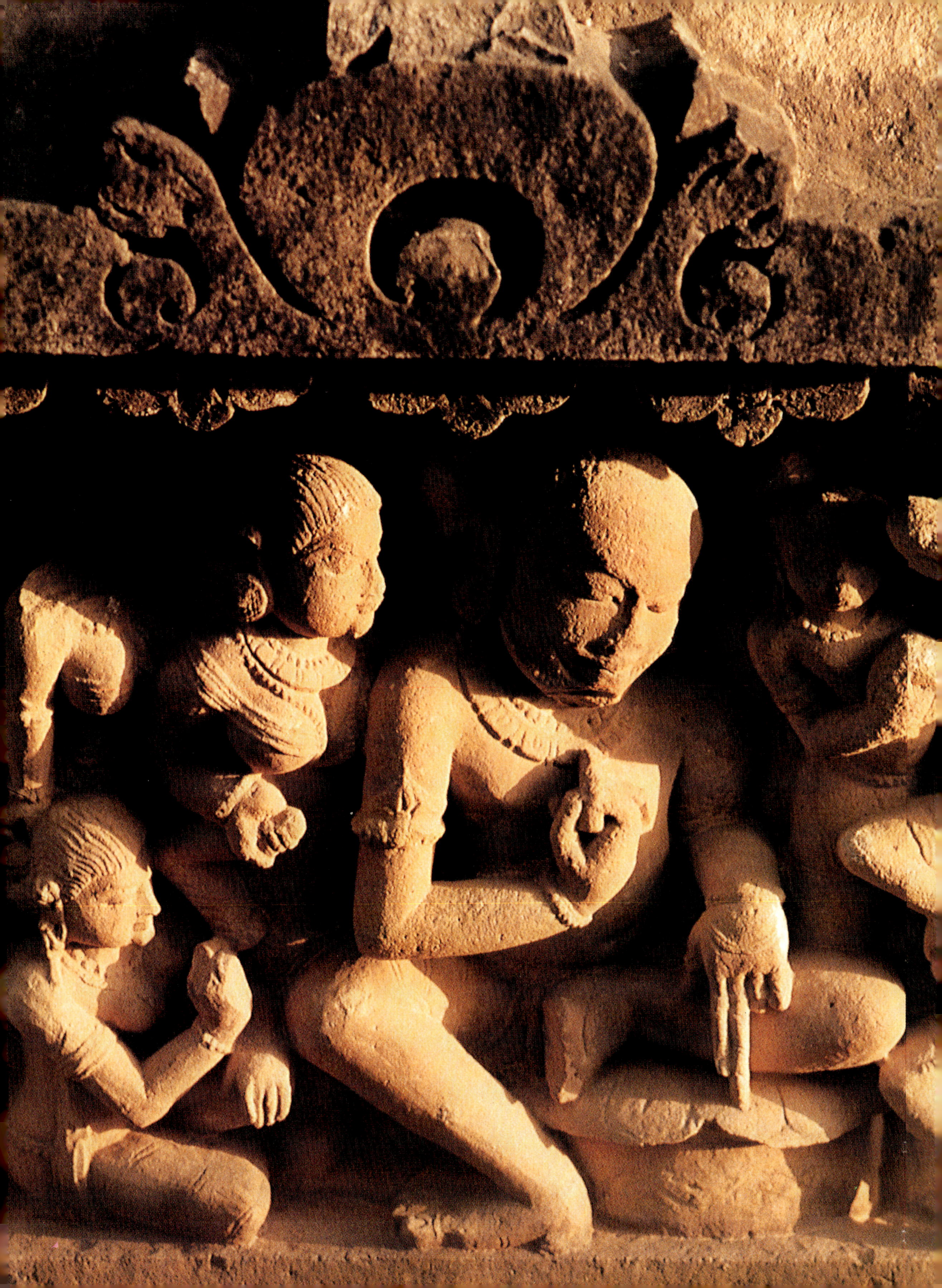

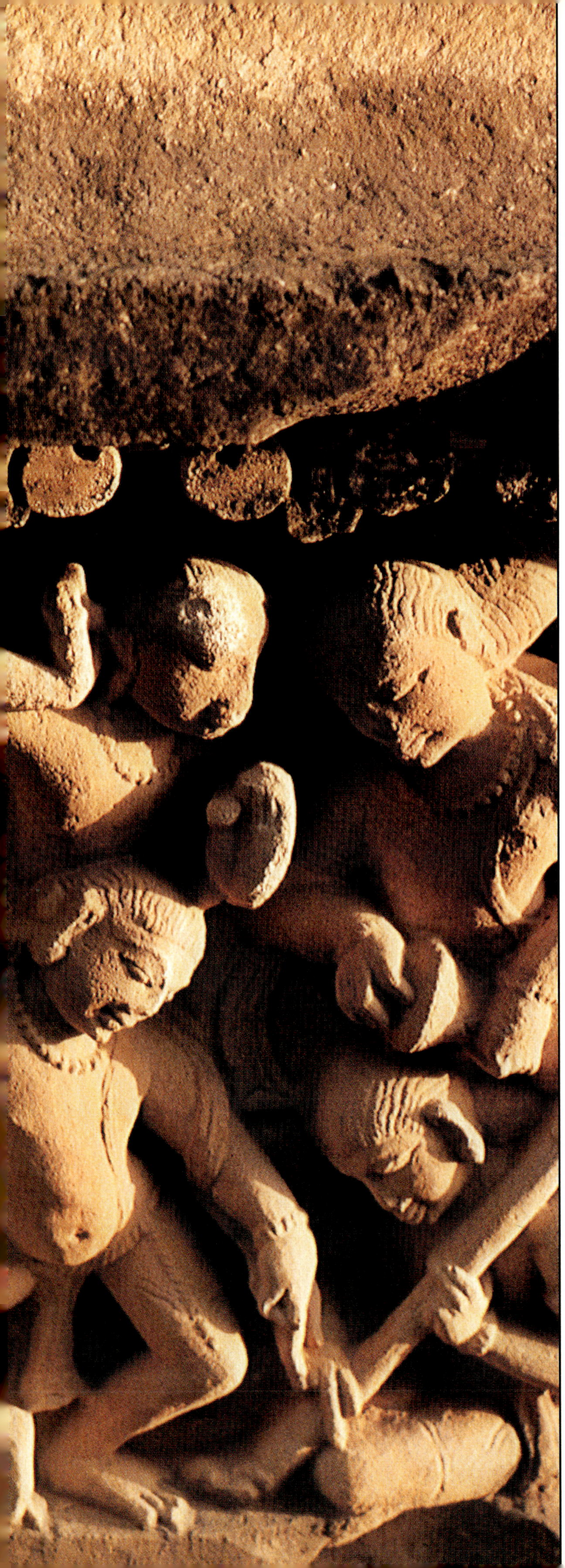

Histoire Et Légende

Les rois Chandelas, bâtisseurs des merveilleux temples de Khajuraho, ne laissèrent aucun témoignage de leur époque ou des raisons pour lesquelles ils firent construire ces temples. C'est seulement à partir de leur legs sculptural donc qu'on essaie de reconstituer ce qu'aurait pu être leur vie.

Cette frise qui figure au mur sud-est du temple de Lakshman dépeint un chef du clan Chandela que ses soldats divertissent en jouant des instruments musicaux. Les femmes s'affairant autour de lui montrent qu'il est d'un haut rang.

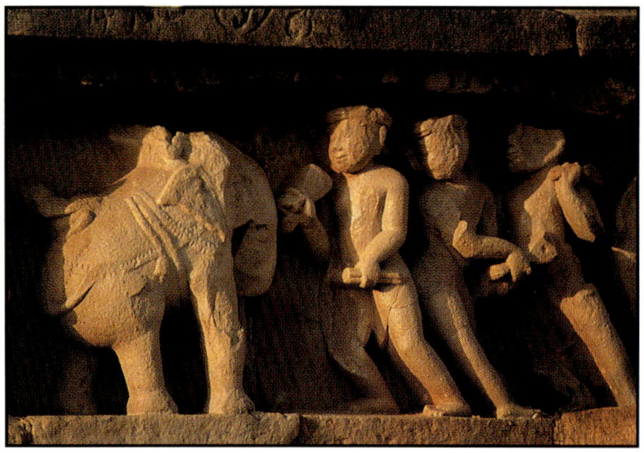

Scènes de la vie quotidienne merveilleusement captées dans les frises des temples. Ce panneau illustre comment les sculpteurs de l'époque travaillaient la pierre ainsi que leurs outils. Plate-forme nord-est du temple de Lakshman.

KHAJURAHO INSPIRE LA REFLEXION, EXCITE l'imagination. Au fin fond de l'Inde centrale, à des centaines de kilomètres de toute civilisation, là où la forêt est dense et le tigre roi, se trouve une petite clairière. Ici: un modeste village, un réservoir qu'on appelle prétentieusement un lac, des temples anciens, quelques ruines...

Beaucoup sont ceux pour qui Khajuraho reste une énigme, un grand point d'interrogation. Que signifient ses temples? Dans quel système entraient-ils? Etaient-ils un musée à ciel ouvert? S'il était une fois un royaume ici, pourquoi n'a-t-on découvert que des temples, où sont les maisons et les palais? Ces temples, étaient-ils de nature religieuse? Si oui, comment expliquer cette profusion des scènes érotiques qu'on ne trouve nulle part ailleurs? Depuis des années, les historiens essaient d'éclaircir ces questions, mais jusqu'à présent, faute de tout document sur l'origine de ces temples, on n'est qu'à l'état des hypothèses. Il se peut que les bonnes réponses nous échappent à jamais, mais quoi qu'il en soit, Khajuraho continuera à attirer voyageurs et amateurs d'art comme il le fait depuis que ce petit village a été tiré de l'oubli.

Un passé ancien

Nos anciennes dynasties protègent bien leur mystère. Les écrits sont rares, et puis en Inde comment distinguer entre légende et histoire, elles s'entremêlent si souvent! La chose est d'autant plus difficile, les mythes d'autant plus pittoresques qu'il s'agit d'une dynastie qui a légué des temples aussi controversés que ceux de Khajuraho où religion et sensualité se côtoient.

Khajuraho ou 'Khajur-vahika' (porteur de dattes), appelé également dans le passé 'Khajjurpura', dérive son nom des dattiers (khajur: dattier) qui ornaient les portes de la ville. Si l'on croit à la légende, c'est à une nymphe Hemvati que Khajuraho doit son existence.

Dans son oeuvre *Prithviraj Raso*, le poète médiéval Chandbardai raconte que Hemvati était la très jolie fille de Hemraj, le prêtre royal de Kashi

(Varanasi). Un soir de pleine lune, pendant que Hemvati se baignait dans un étang de lotus, le dieu-Lune ne put résister à sa beauté; alors il descendit sur terre et la séduisit. La fille, déjà veuve, fut toute bouleversée et menaça de maudire le dieu pour avoir gâché sa vie. Le dieu la rassura et lui promit qu'elle donnerait naissance à un fils vaillant. "Amène-le à Khajurpura, aurait-il dit. Il sera un grand roi qui construira beaucoup de temples entourés de lacs et de jardins. Il fera un *yagya* (cérémonie religieuse) et ton péché sera lavé." Hemvati obéit aux ordres du dieu; elle quitta son foyer pour mettre au monde son fils dans un tout petit village. L'enfant Chandravarman était aussi illustre, aussi courageux que son père. A l'âge de 16 ans déjà, il tuait des tigres et lions à mains nues. Hemvati en était ravie; elle invoqua le dieu-Lune, qui présenta au fils une pierre de touche capable de transformer le fer en or, et le plaça sur le trône de Khajuraho.

Chandravarman remporta des victoires brillantes, bâtissant le fort impressionnant de Kalinjar. A la demande de sa mère, il entama à Khajuraho la construction de 85 merveilleux temples entourés de jardins et de lacs, et, pour lui donner absolution, célébra le *bhandya-yagya.*

Une variation de la même légende parle de Hemvati comme la fille-veuve de Mani Ram, le prêtre royal de Kalinjar. Se trompant dans ses calculs, celui-ci informa le roi que la Puranmasi (pleine lune) serait telle date tandis que cette nuit-là était une nuit sans lune. Pour sauver la réputation de son père, Hemvati pria au dieu-Lune. Le dieu accepta d'honorer la parole du prêtre, mais en contrepartie de ce service, il séduisit sa fille. Le père chagriné eut tant de honte qu'il se transforma en pierre; les Chandelas commencèrent à adorer cette pierre, l'appelant Maniya Dev. Hemvati donna naissance à un fils, le sage Chandrateya qui engendra le clan Chandela.

Du point de vue historique, les alentours de Khajuraho présentent un intérêt culturel très riche. Kalinjar et Chitrakoot, qui font partie de cette région, sont mentionnés à plusieurs reprises dans les épopées et les Puranas. Jusqu'au quatrième siècle avant J.C., celle-ci appartenait au royaume de

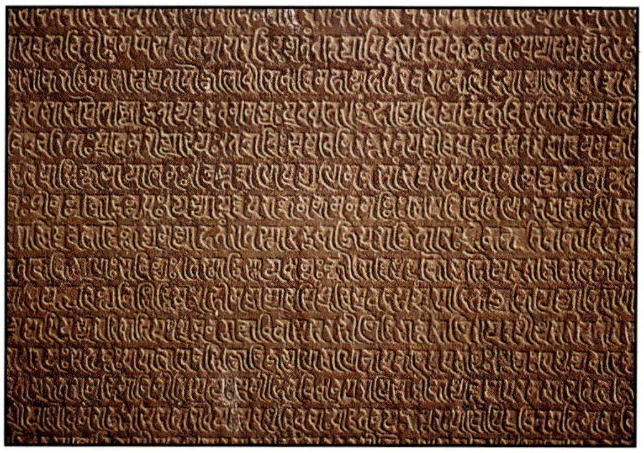

Des inscriptions en sanskit du temple de Vishvanath qui chantent les rois Chandelas et donnent les prières dédiées aux divinités à l'intérieur. Le sanskrit est la langue mère indienne et son écriture, le Devnagiri, est toujours en usage.

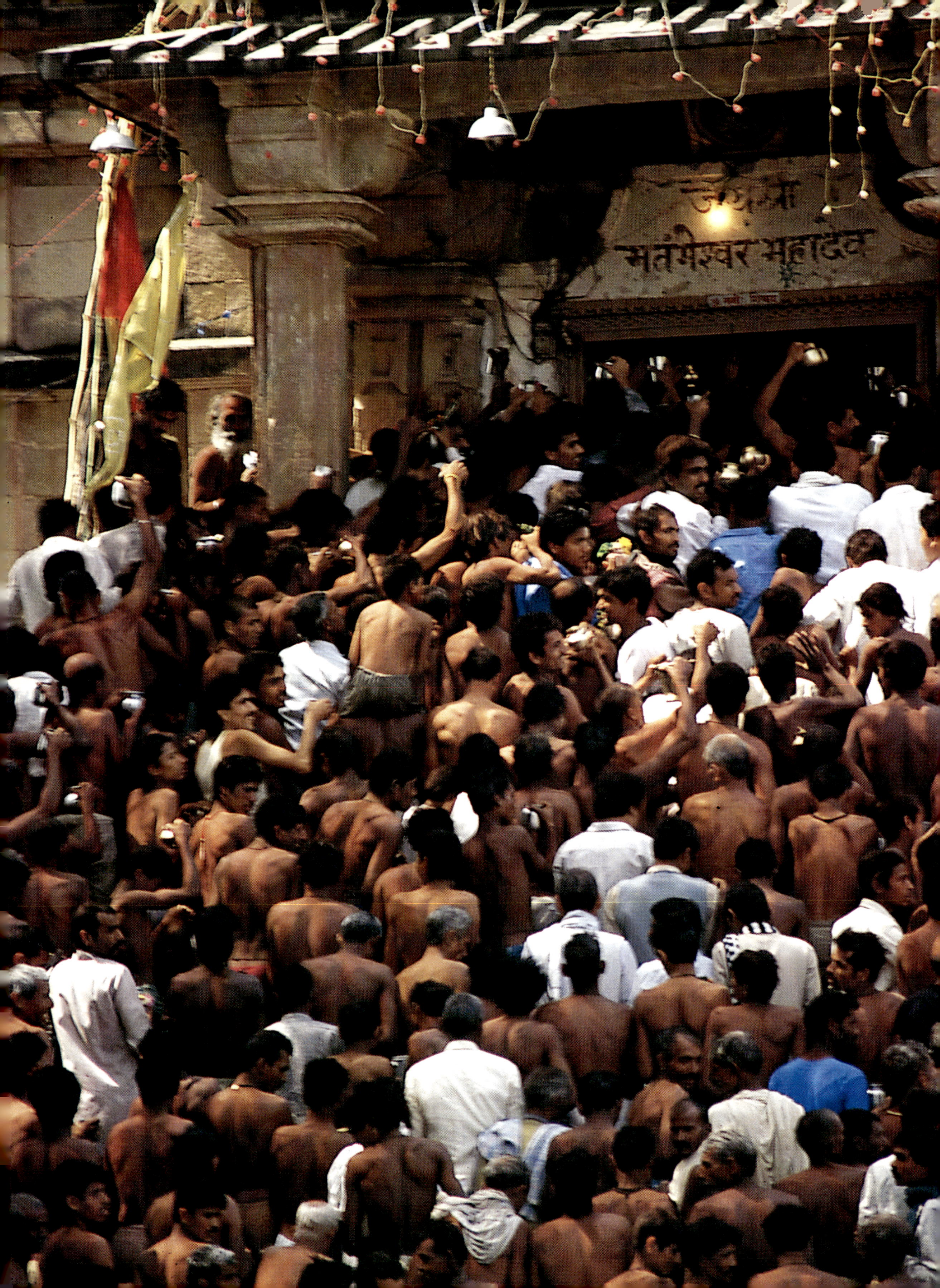
मतंगेश्वर महादेव

La Fête De Shivratri

UNE THÉORIE VEUT QUE LES 85 TEMPLES de Khajuraho aient été construits pour commémorer le mariage de Shiva et Parvati. Shiva, le dieu de la destruction, fait partie de la trinité hindoue. Il est la source de toute regénération, ce qui mena au culte du phallus, et son union avec Parvati est considérée comme la base de l'énergie cosmique. Cela pourrait expliquer l'érotisme des temples; les sculptures seraient une célébration de cette union divine et les personnages y figurant seraient des représentations des invités en mouvement au moment où le cortège de Shiva arriva au lieu du mariage, une ville céleste.

Shivratri ou la naissance de Shiva est l'une des principales fêtes de l'Inde qu'on célèbre tous les ans. A Khajuraho, c'est la seule fête à être célébrée avec tout le zèle traditionnel, c'est le seul lien entre le Khajuraho d'hier et celui d'aujourd'hui. Même quand les temples étaient complètement laissés à l'abandon, les cloches sonnaient le jour de Shivratri et les gens des environs y venaient prier à Shiva.

La date de Shivratri est calculée selon le calendrier solaire hindou et tombe généralement au mois de mars. Ce matin, les villageois arrivent tôt au temple de Matangeshwar pour laver le Shivling, le phallus puissant du dieu, avec du lait et de l'eau. On offre des fruits et fleurs à la divinité, on allume des lampes d'huile et on se couvre le front de *tilak* (marque de couleur rouge). Les gens commencent à arriver dès l'aube et ce va-et-vient continue jusqu'à très tard dans la nuit. Pendant tout ce temps, les cloches ne cessent de sonner comme elles sonnaient il y a mille ans.

Les images de Shiva et Parvati sont promenées dans le village et on célèbre leurs noces avec tous les rites. Une fête s'organise autour du réservoir où les gens se baignent avant de se mettre en présence de Shiva. On y voit acrobates, gymnastes, comédiens, camelots des jouets en bois et en argile que les enfants aiment tant.

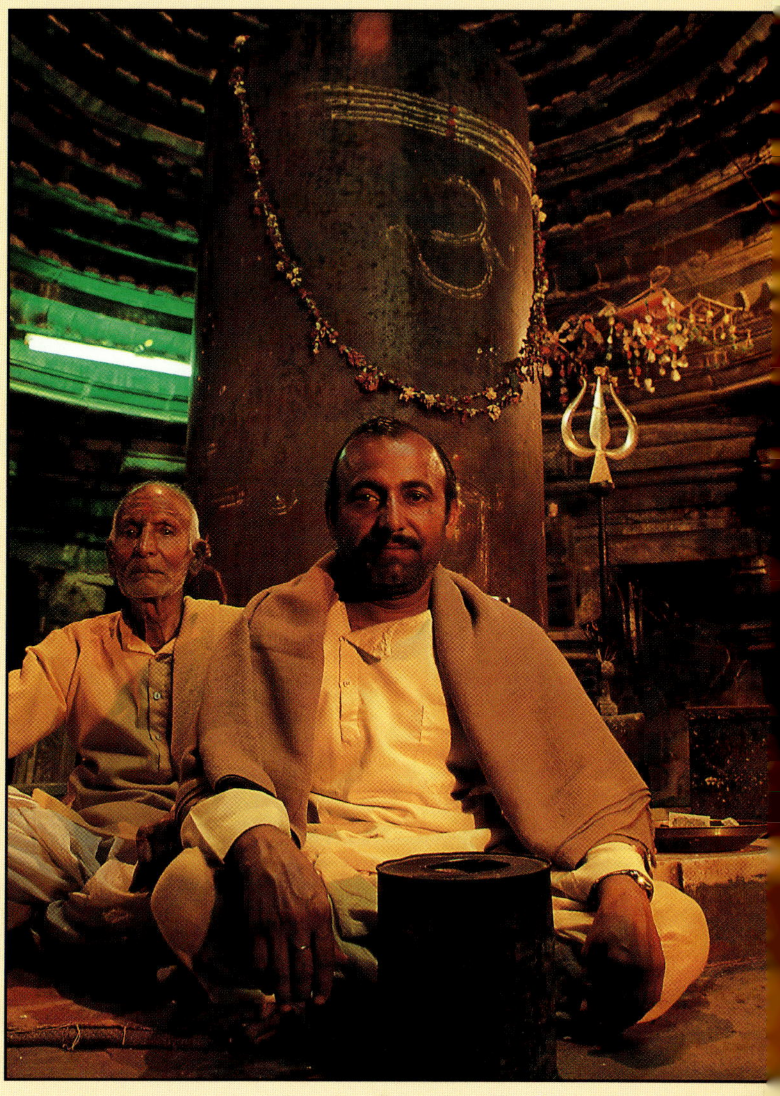

Ci-contre: *La fête de Shivratri au mois de février-mars est la seule célébration associée aux temples de Khajuraho. Le temple de Matangeshwar est le centre de toute activité; les dévots y viennent de l'aube jusqu'au minuit. Matangeshwar resta le lieu de cette festivité annuelle même à l'époque où les temples furent 'perdus' au monde.*

Ci-dessus: *Comme c'est le cas dans la plupart des temples en Inde, la présence d'un prêtre est indispensable à l'accomplissement des rites associés au culte hindou.*

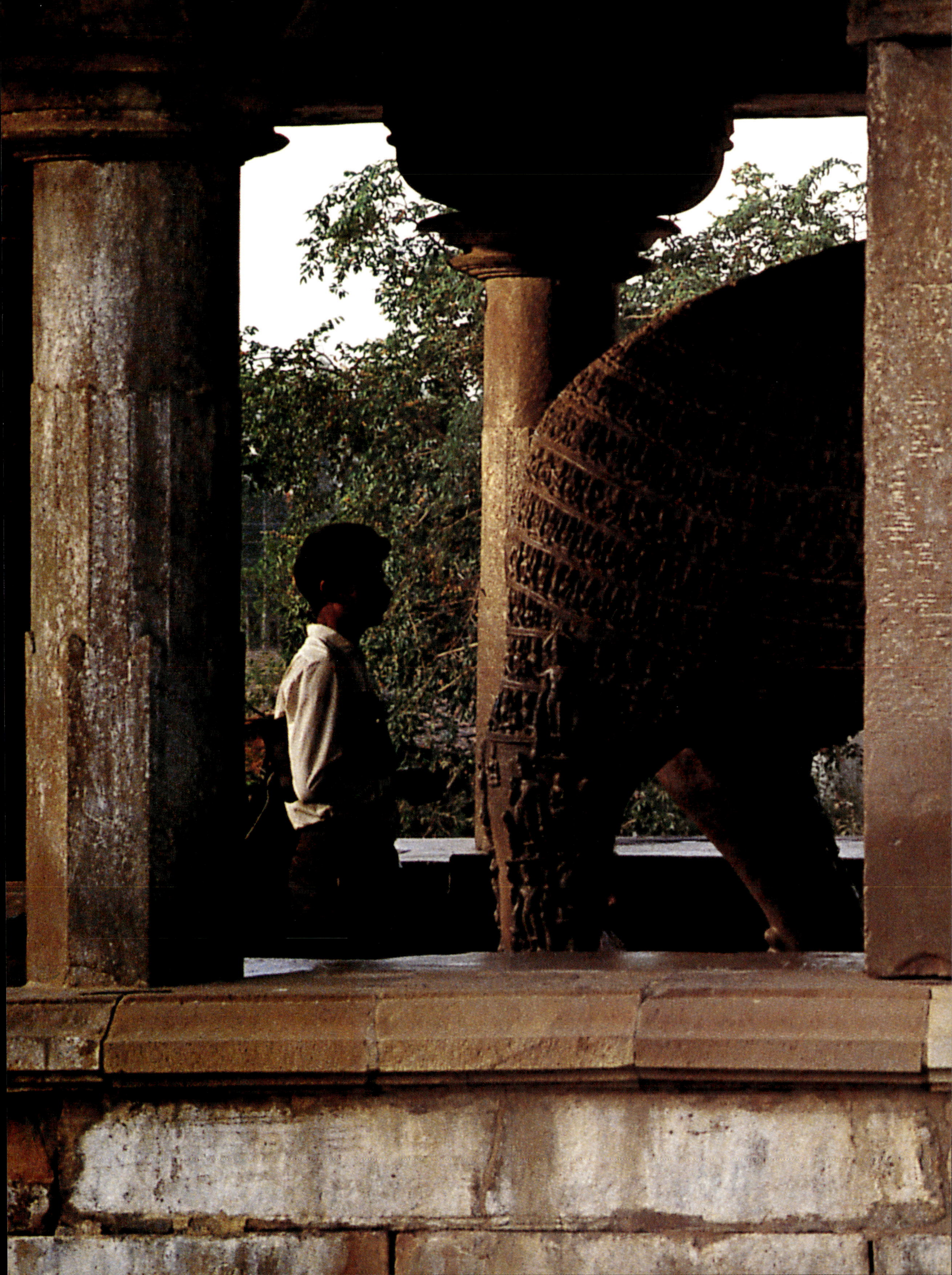

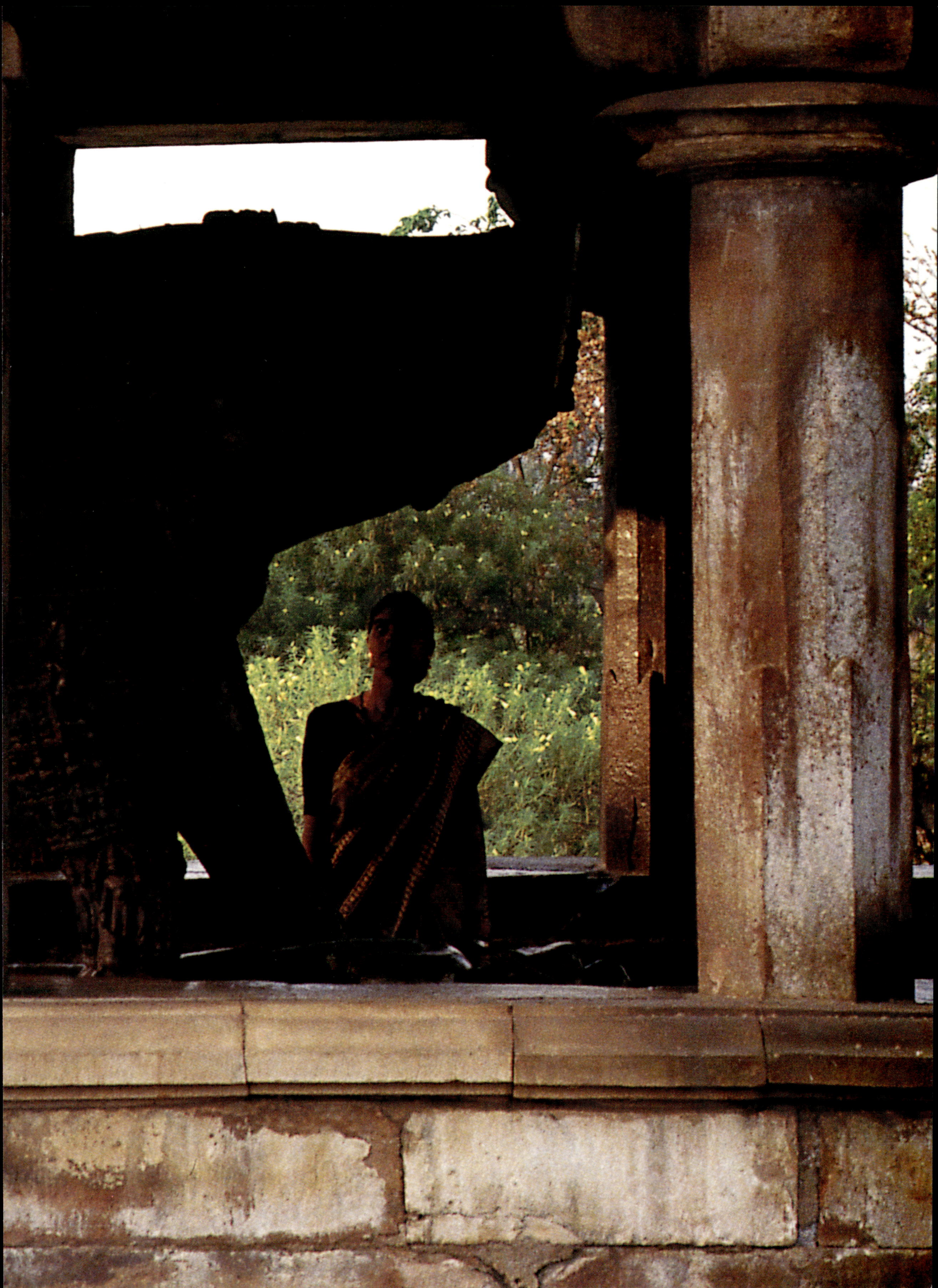

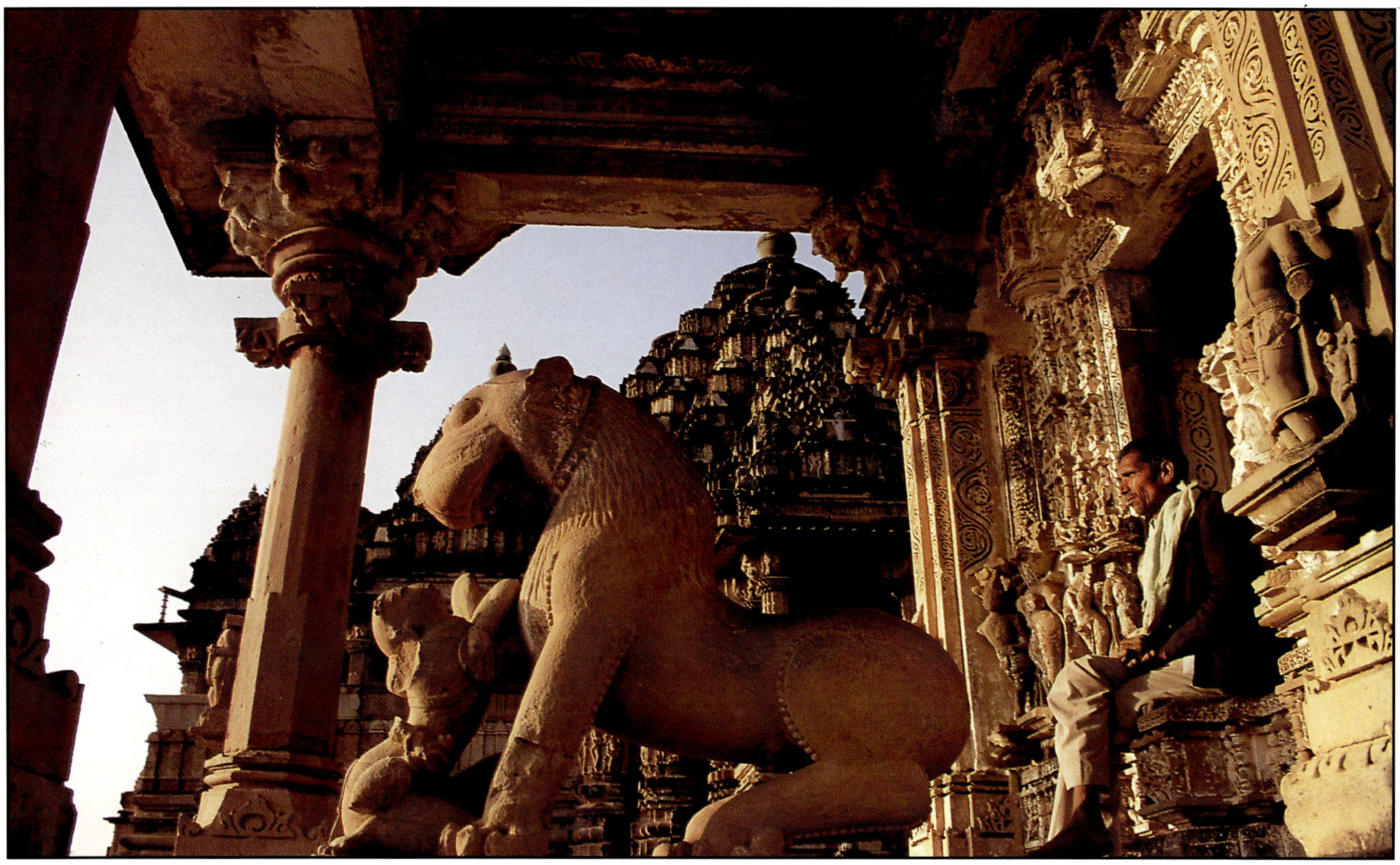

Aux pages précédentes: *le petit temple de Varaha situé près de Laskhman est dédié à l'incarnation de Vishnou en sanglier. La représentation du sanglier comporte à son tour environ 67 images de divinités, corps célestes, démons et d'hommes.*

Le lion de Chandela est placé dans le petit sanctuaire du temple de Mahadev qui se trouve entre le Kandariya Mahadev et les temples de Devi Jagdamba. Le progéniteur de la dynastie des Chandelas aurait lutté, dans sa jeunesse, à mains nues contre des lions; ainsi, l'image d'un guerrier affrontant un lion devint l'emblème de la dynastie des Chandelas.

Vatsa; au deuxième siècle avant J.C., on y assista à une remarquable floraison de sculpture et d'architecture, d'abord sous le règne des Sungas et ensuite celui des Guptas. Au septième siècle, le voyageur chinois Huien Tsang trouva de nombreux monastères bouddhistes à Khajuraho. Des fouilles récentes renforcent l'importance de cette région dans l'histoire de l'Inde. Cependant, c'étaient les Rajputs de Chandela qui lui conférènt un prestige culturel et politique exceptionnel.

Mais qui étaient ces Chandelas? Que savons-nous sur eux à part le mythe de Hemvati et son amant céleste? Leur dynastie se répartit en 35 clans Rajputs selon qu'ils descendaient du soleil, de la lune ou du feu. Il paraît que les premiers Chandelas obéissaient aux rois Pratiharas de l'ouest de l'Inde. Mais l'empire de ces derniers tomba en décadence. Alors Yashovarman, le chef des Chandelas qui vainquit les Rashtrakutas au sud et les Palas à l'est, se proclama roi. Il dirigea des expéditions militaires dans le nord comme dans le sud et s'empara de la forteresse de Kalinjar; sous son règne, les Chandelas devinrent donc une puissance redoutable. Yashovarman ordonna la construction du merveilleux temple de Lakshman, ce qui annonça une ère des temples qui, même mille ans après, reste sans pareille dans l'art religieux. Ses successeurs Dhangdev, Ganda et Vidyadhar poursuivirent cette tradition glorieuse.

Ce fut sous le règne de Vidyadhar, le plus puissant de tous les Chandelas, que le Mahmud de Ghazni entreprit ses fameuses invasions de l'Inde du nord. Deux fois Vidyadhar tint le Mahmud à distance, mais ses successeurs ne purent résister aux attaques répétées des Musulmans et ils perdirent leur suprématie de la région. Si jusqu'au 14e siècle ils continuèrent à régner sur un petit territoire comprenant Mahoba, Kalinjar et Khajuraho, à partir du 11e siècle, ils n'étaient qu'une dynastie mineure de l'Inde du nord. La période 950-1050 après J.C. fut sans doute le summum de leur règne, et c'était lors de cette époque de paix et prospérité relative qu'on construisit les meilleurs temples de Khajuraho.

Bien que les derniers Chandelas aient essuyé de nombreuses défaites aux mains des Turques (le Mahmud de Ghazni aussi bien que Mohammed Ghori), heureusement les temples ont été épargnés. Probablement, c'est le changement de la capitale à Kalinjar qui les protégea de la fureur de l'ennemi. Il est également possible que les armées musulmanes n'aient jamais pénétré jusqu'à Khajuraho, à cause du terrain difficile, de la dense forêt et d'une population hostile. Mais si ces facteurs ont sauvé les temples de la destruction, par la suite ils les ont aussi plongés dans l'obscurité et pendant des siècles, ce trésor fut perdu au monde extérieur. Des 85 temples primitifs, il n'en existe que 20 pour proclamer la réputation artistique des Chandelas et immortaliser ainsi leur règne.

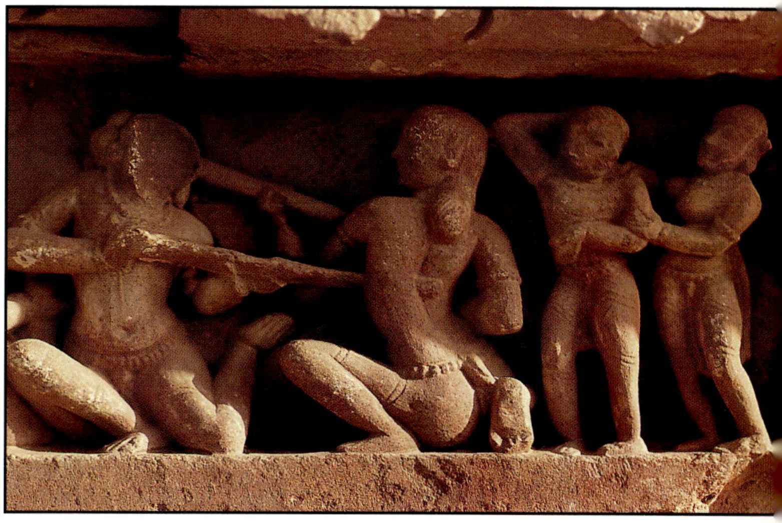

Cette petite frise sous les grandes sculptures du mur méridional du temple de Vishvanath dépeigne des soldats en combat. Les panneaux nombreux consacrés aux scènes de guerre reflètent bien les conditions sociales de l'époque ainsi que les occupations des rois Chandelas.

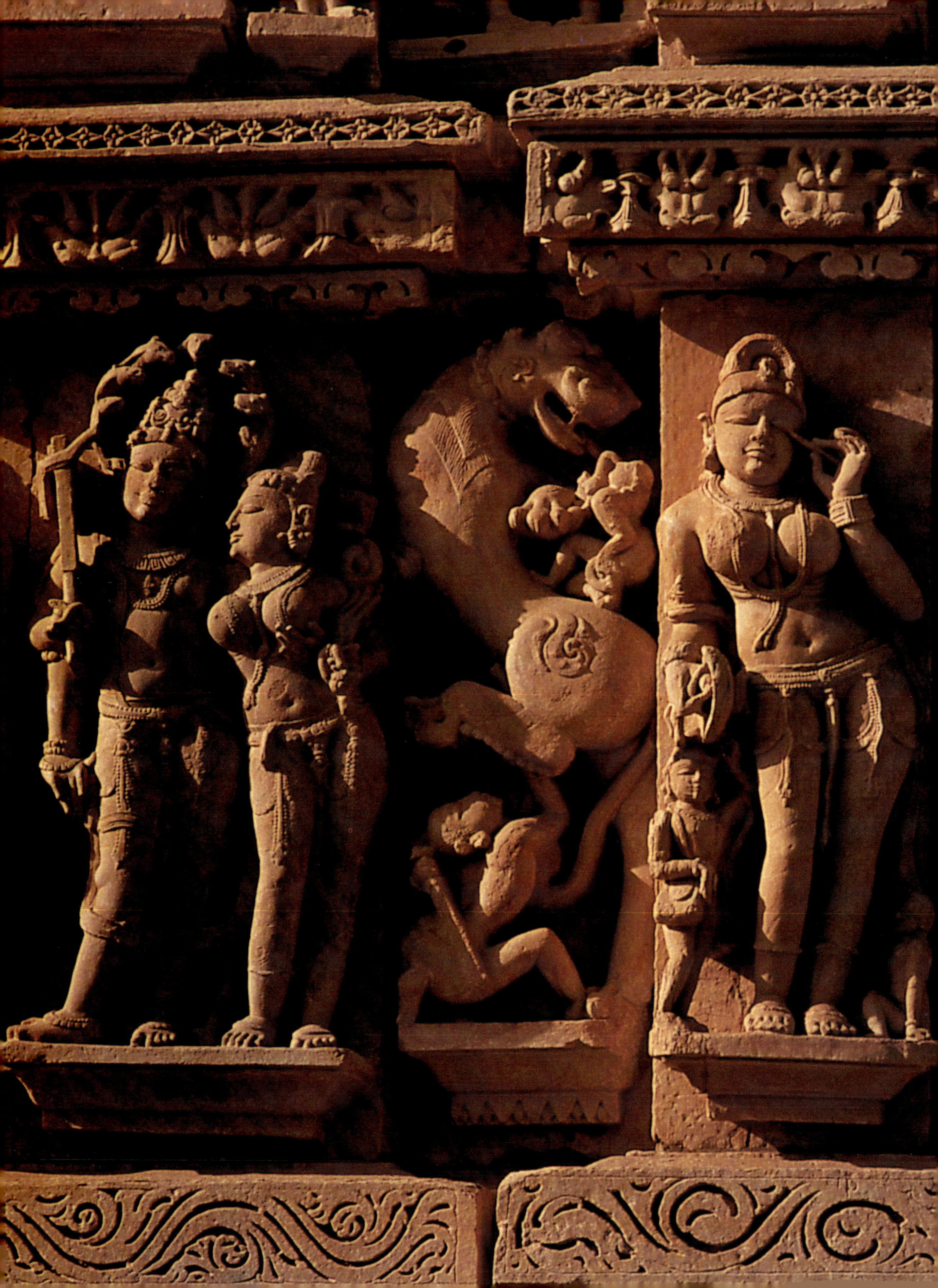

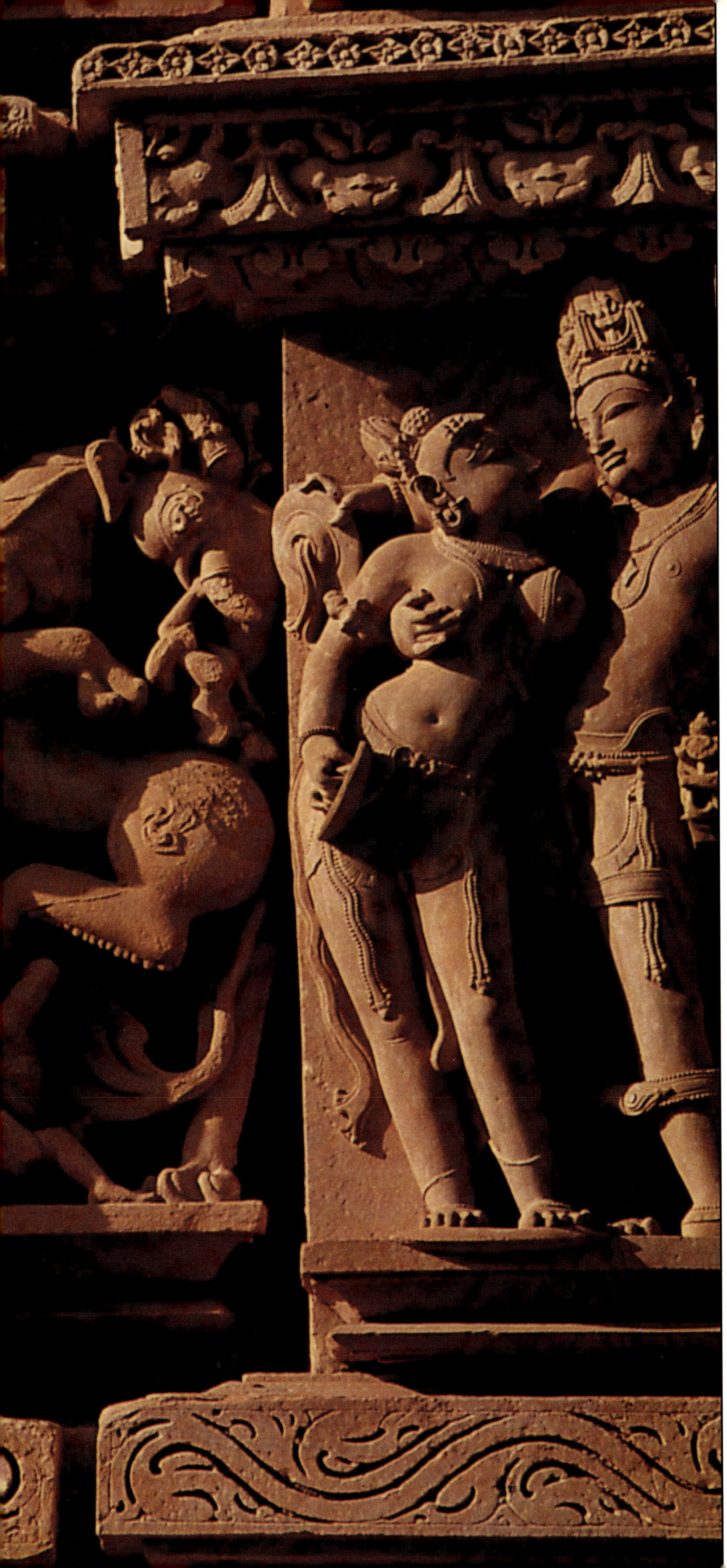

Sculpture

Les sculptures qui ornent les façades et murs des temples montrent le monde des divinités, de la femme et de l'humanité. Ainsi sont reliés le réel et l'idéal.

Cette bande inférieure orientée vers le sud du Temple Parsvanath a une statue exquise dont le thème est souvent repris à Khajuraho: une apsara se maquillant les yeux avec du kohl. Flanquée du 'shardul mythique', la groupe classique de cheval et lion à gauche et la représentation peu usuelle du cheval et de l'éléphant à droite. A leur tour, ce groupe est entouré des images de Balram (frère aîné du seigneur Krishna) et son épouse Revati à gauche avec Lakshmi et Vishnou à droite.

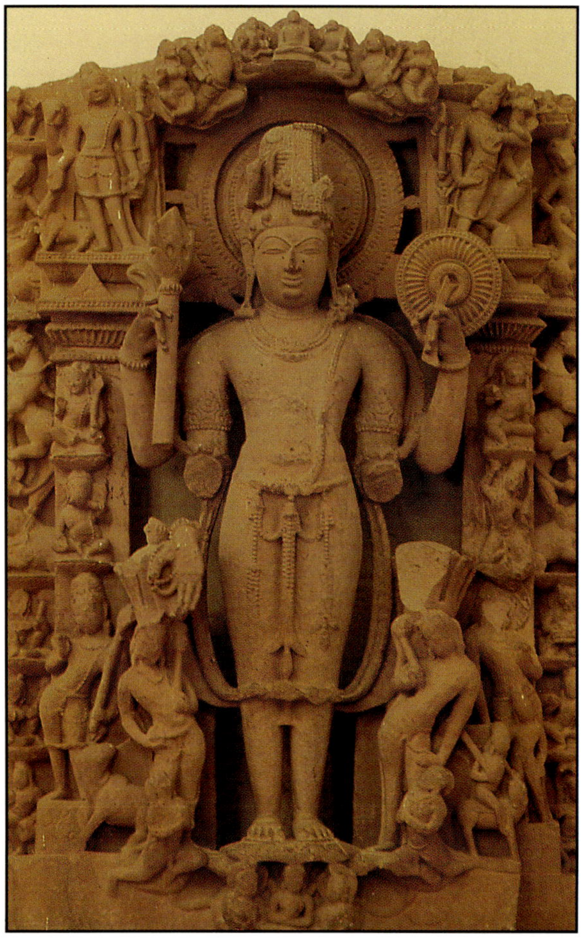

L'artisan combinait parfois les attributs de Shiva et de Vishnou dans une seule figure connue sous le nom de Hari Hara. Le sculpteur réunit en un seul corps les deux dieux, mais leur coiffure, ornements et les instruments qu'ils tiennent à la main servent à les distinguer. Donc, on voit Shiva avec son trident et Vishnou avec son disque.

LA PREMIERE IMPRESSION QUE L'ON A DU temple de Khajuraho est celle d'une sculpture géante qui tend vers le ciel. A mesure que l'on s'approche, on aperçoit une centaine de sculptures des dieux et déesses, des beautés célestes, de leurs formes humaines plus séductrices encore, des fauves exotiques et du quotidien - cette juxtaposition ne fait que renforcer les premières impressions de grandeur. Dans les temples, architecture et sculpture sont parfaitement intégrées: au lieu d'un, on a deux joyaux de l'art indien.

Les sculptures appartiennent à la surface sur laquelle elles sont gravées, y constituant une partie intégrante. Il ne s'agit pas d' apport extérieur plaqué après l'achèvement de la charpente, mais des membres sculptés de la même pierre qui constitue le tissu structurel du temple. Ceux qui le bâtirent développèrent une formule d'agencement de sculptures de sorte que chaque ensemble occupe la place qui lui convient; c'est un principe auquel on adhère partout. Ainsi s'éleva le temple, couche après couche, avec les blocs sculptés placés simultanément.

Les alentours de Khajuraho étaient célèbres pour leur art en pierre extrêmement complexe, les techniques y étant disponibles et les artisans ayant acquis des compétences extraordinares au cours des années. Khajuraho lui-même est entouré de collines faisant partie de la chaîne Panna, qui à son tour fait partie de la chaîne Vindhya. Au sud, le fleuve Ken (dont l'ancien nom est Karnavati) et ses affluents coupent des gorges profondes dans le massif de gré qu'est le Vindhya. La pierre des carrières de la haute Vindhya et de Kaimur s'avère parfaite comme matériau de construction notamment à cause de la variété des couleurs qu'elle offre - du chamois au rose clair - et c'est avec elle qu'on construisit les temples.

Même s'il s'appuie sur des traditions classiques, l'art sculptural de Khajuraho est essentiellement un art médiéval. Situé en plein milieu de l'Inde, il était bien placé pour accueillir les influences artistiques de l'est aussi bien que de l'ouest. C'est justement ce savant mélange de la sensualité orientale et du nerveux modelage angulaire de l'ouest qui donne aux sculptures cette étonnante vitalité humaine. Les profils et vues postérieures font ressortir la fascination des sculpteurs pour la forme humaine. Agencées judicieusement, tantôt dans des niches tantôt sur des protubérances, les sculptures se confondent à l'ombre et changent de couleur selon les moments de la journée, reflétant chaque teint de l'aube au crépuscule.

Les trésors sculptés créés sous l'ordre des rois Chandelas peuvent être classés en sept catégories:

Les images du culte du sanctuaire

La première catégorie comprend les images du culte de Shiva, Vishnou, Surya ainsi que celles des Tirthankaras jaïns. Elles se trouvent toujours dans le sanctuaire. La sculpture obéit aux canons établis à cette fin, la forme et la figure correspondant aux normes et portant les armes et les symboles selon un schéma classique avec à l'arrière plan la cohorte de dieux et déesses secondaires.

Autres dieux, déesses et divinités

La diversité de la mythologie hindoue est pleinement représentée sur les façades des temples de Khajuraho. On y trouve l'ensemble des dieux et déesses constituant le panthéon hindou: Brahma, Vishnou et Shiva avec leurs épouses dans toutes leurs incarnations et formes. Y sont représentés également les demi-dieux ou *dipkals* (les régents des quartiers), les *vidhyadhars* (anges) servant les dieux et les *gandharvas* (musiciens célestes). On y voit aussi les nains puissants *ganas* (chérubins) et les *kumaras* (nains-porteurs à quatre bras) qui supportent les sculptures, les mains tournées vers le ciel. Avec les beautés célestes, on crée l'illusion du paradis. Les figures des niches restent conventionnelles comme les images du culte, mais celles des murs sont moins classiques. Au fait, on ne saurait les distinguer des figures humaines que par leur coiffure tout à fait particulière, leur monture et leurs spécificités - le soupçon d'un diamant ou un collier. Dans la majorité des cas, les dieux portent les mêmes vêtements que les hommes.

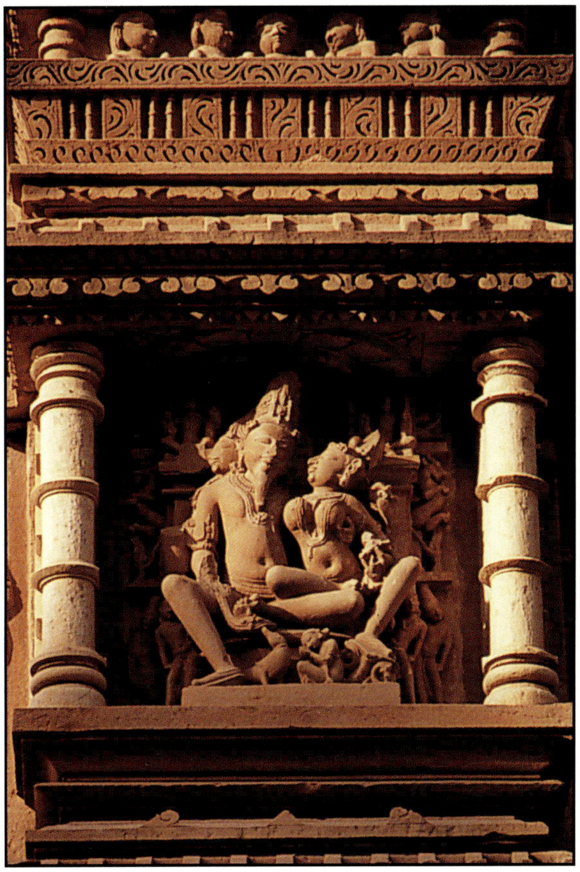

Le panthéon de dieux et de déesses hindou est fondé sur le principe de la trinité qui constitue la force cosmique principale de l'évolution: Brahma y est le créateur, Vishnou, celui qui maintient l'ordre, et Shiva le destructeur. Dans cette niche orientée vers le sud, à la partie supérieure du temple de Chitragupta, Brahma est représenté avec son épouse Saraswati.

Au verso*: ces panneaux de la façade sud-ouest du temple de Duladeo rendent hommage à Shiva, accompagné de son épouse Parvati. La figure à gauche du panneau au milieu est celle de Vashu ou Nandi, la monture de Shiva, alors que celle de Yama ou le dieu de la mort se trouve juste en-dessous. Le panneau supérieur est constitué de créatures célestes ou gandharvas.*

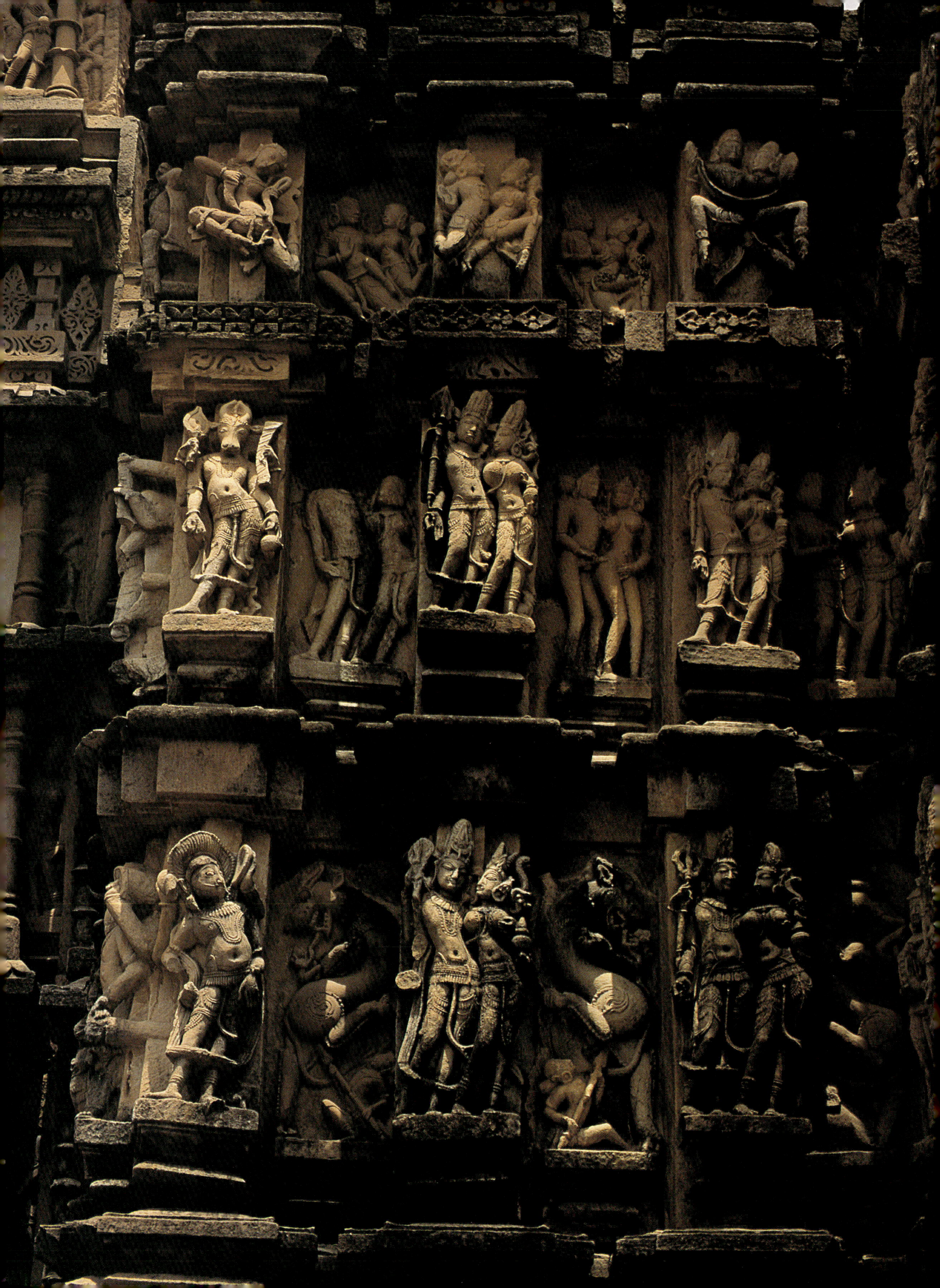

Apsaras, sura-sundaris et nayikas

Cette catégorie comprend *apsaras* (danseuses célestes), *sura-sundaris* (beautés célestes) et *nayikas* (femmes d'une beauté extraordinare). Les *apsaras* et *sura-sundaris* ont pour tâche de distraire les dieux. Ces nymphes célestes et leurs formes terrestres, les *nayikas*, sont toutes bénies de grâce, de jeunesse, de beauté et de charme, et constituent un élément extrêmement séducteur de l'ensemble sculptural de Khajuraho. Les danseuses célestes adoptent des poses complexes. Les servantes des divinités, les *nayikas*, portent le lotus et les ornements comme offrande. Dépeignant toute la gamme des émotions, on voit ces femmes dont la beauté fait rêver se lavant la tête, retirant une épine du doigt, écrivant des missives, jouant de la flûte ou tout simplement se maquillant. Libres de contraintes iconongraphiques, les *nayikas* représentent tout ce qu'il y a de pur et simple dans l'art. Sous une multiplicité de formes et de poses, elles apparaissent dans des niches, à l'intérieur des supports, dans le circumambulatoire et en profusion sur les façades extérieures-chacune ayant son piédestal et une qualité séductrice inimitable.

Sculptures représentant des thèmes laïques

Des frises et sculptures représentant des thèmes laïques traitent des sujets aussi variés que la vie quotidienne, le maître et ses disciples, les danseurs et musiciens, les scènes rituelles et cérémoniales, et ainsi de suite. Celles-ci nous donnent un aperçu de la vie et de la société de l'Inde médiévale. Le *sutradhar* (architecte) et les *shilpins* (sculpteurs ou artisans) sont souvent représentés. Sur le *jagati* (plate-forme) du temple de Lakshman, on voit l'architecte en chef qui fait cours à ses disciples; dans le Vishvanath, il surveille les activités de construction, le menton reposé sur un gros bâton, le dos courbé. Une autre frise nous montre un ouvrage en train d'être sculpté et puis transporté par six porteurs. Des lutteurs, acrobates, gladiateurs et chasseurs ont tous une place dans la sculpture de Khajuraho. Des scènes

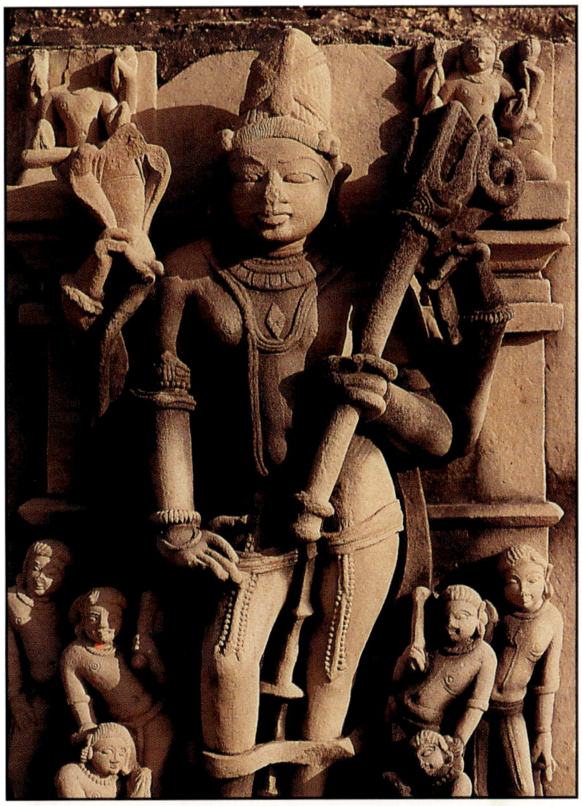

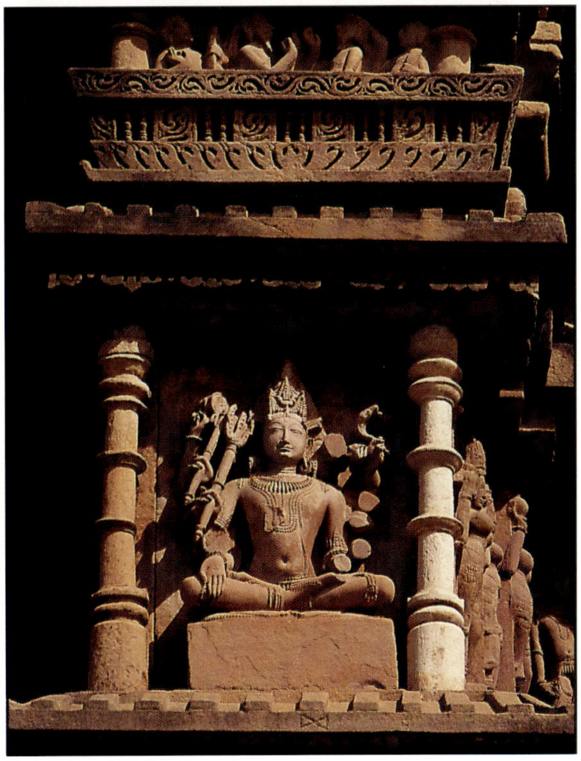

En haut: *une sculpture de Shiva sur une façade orientée vers le nord d'un sanctuaire mineur du temple de Lakshman.*

Ci-dessus: *Shiva assis. Façade occidentale du temple de Duladeo.*

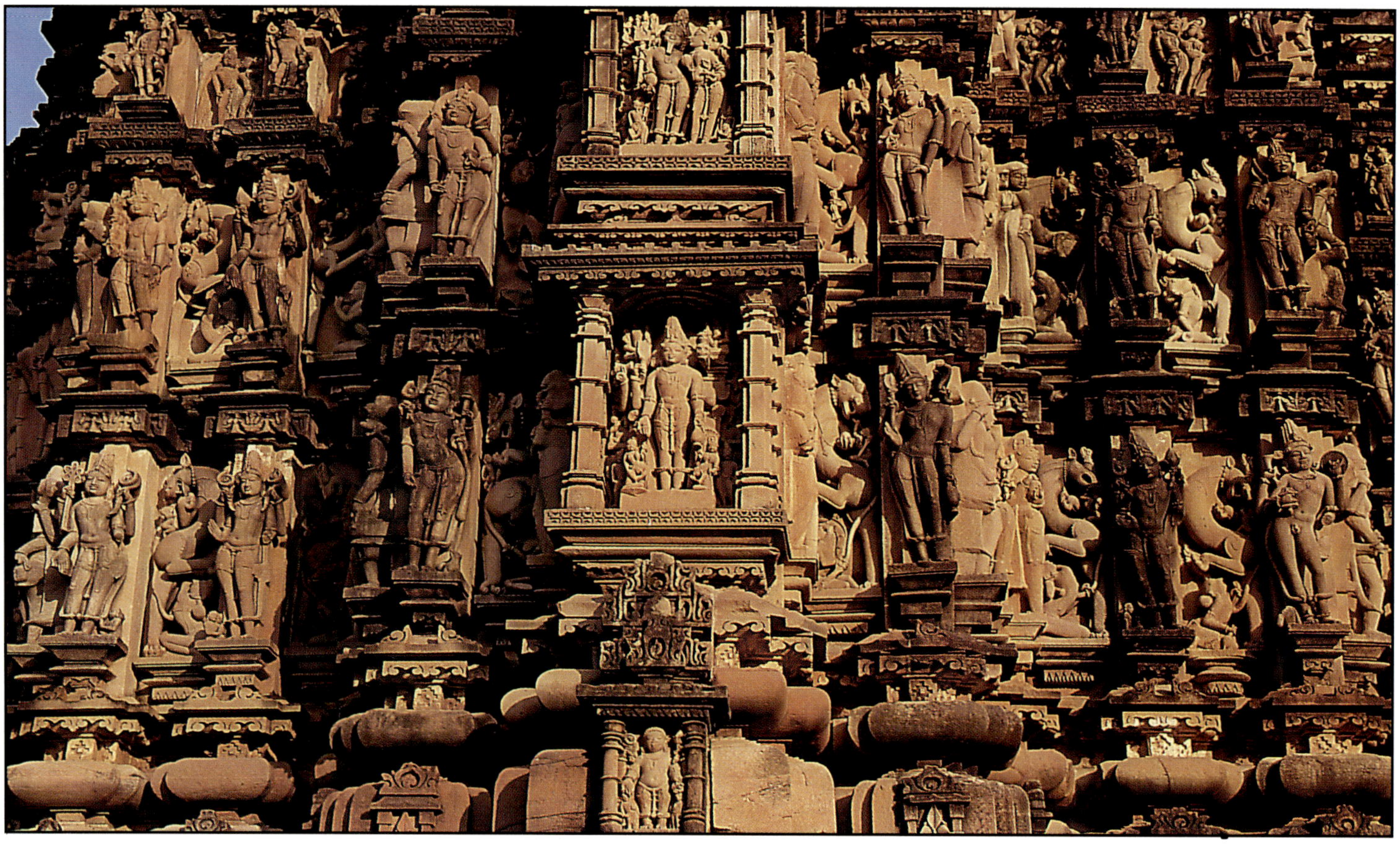

Le mur de derrière du temple de Devi Jagdamba orienté à l'ouest représente la trinité hindoue d'une façon peu commune. En bas, on voit Vamana, l'incarnation-nain de Vishnou; au milieu, Shiva en forme de mrityunjaya (celui qui a vaincu la mort); en haut Brahma, avec son épouse, Savitri.

de musique et de danse sont communes, les musiciens étant généralement des hommes,le chant et la danse étant normalement réservés aux femmes. Des serviteurs portent des bagages et des princes à cheval sont accompagnés des laquais qui leur tiennent un parapluie. On voit aussi un couple engagé dans une discussion passionnée. Une autre frise dépeigne un groupe d'amants. Une mère gâte son bébé avec des mangues, une autre reprend son enfant de sa servante. Il y a de nombreuses scènes de l'armée et des défilés qui se distinguent par leur gaieté.

Sculptures des animaux réels et fabuleux

Une collection de sculptures d'animaux réels et fabuleux remarquable. Sont intéressants en particulier le *shardul*, le lion, le sanglier cosmique et le rat. Des éléphants s'ébattent, l'un tirant la patte de l'autre avec sa trompe. Dans le temple de Vishvanath, de temps en temps on peut voir des chameaux. Le *shardul*, animal fabuleux est un thème populaire à Khajuraho; il est riche en valeur symbolique. C'est toujours une combinaison de deux animaux, la partie inférieure étant généralement du cheval et la partie supérieure d'un lion à corne, un éléphant, un sanglier ou même un paon.

Mithuns

Il y a les *mithuns* ou couples érotiques qui à vrai dire appartiennent à la catégorie des thèmes laïques. Les frises de quelques panneaux inférieurs dépeignent la bestialité, montrant souvent les armées en marche. Plus loin, on voit des sculptures des femmes, des couples amoureux en de poses érotiques; certaines arrivent à capter d'une manière très nuancée les émotions humaines. Un amant présente à sa bien aimée un cadeau, mais avant il la fait couvrir les yeux; un autre amant encourage avec espièglerie un singe à pousser sa campagne nerveuse plus près de lui. L'expression tranquille des participants présente un contraste saisissant à l'abandon physique et aux poses acrobatiques de certaines figures. Dans les niches, on voit parfois des scènes d'orgie avec des poses extrêmement compliquées - on a tendance à les attribuer aux rites et pratiques du tantrisme. Il existe de différentes théories quant à l'athlétisme et souplesse presqu'impossibles de certaines figures; alors que certains chercheurs attribuent ceux-ci au yoga, d'autres suggèrent que l'artisan en donnant libre cours à son imagination est allé bien au-delà des prescriptions du *Kamshastra*. Une théorie plausible prétend que ces soi-disant poses-images sculptées aux murs étaient dues aux contraintes architecturales; il fallait que les images soient agencées sur l'axe verticale même si elles étaient conçues et sculptées en poses horizontales. Si on les conceptualise en horizontal, la majorité de ces compositions avec leurs poses tortueuses et complexes perdent immédiatement tout leur mystère.

Les temples construits pendant la période d'abondance que fut celle de la dynastie des Chandelas--Lakshman, Parsvanath, Devi Jagdamba et Kandariya Mahadev--illustrent toutes les variations possibles du thème érotique alors que ceux qui sont venus après tels Chaturbhuj et Adinath ont une orientation érotique moindre. A Duladeo, on

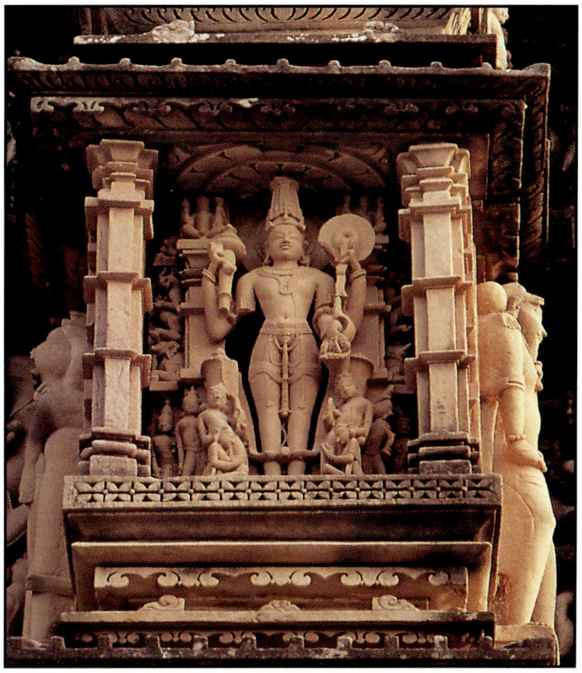

Vishnou dans son domaine. Sculpture impressionnante de celui qui maintient l'ordre qui se trouve à la partie supérieure de la façade septentrionale du temple de Devi Jagdamba.

Au verso: *Shiva sous sa forme de Bhairav est reconnu grâce à son trident et au serpent bien que sa monture Nandi ait été remplacée par un chien. Cette figure se trouve au temple de Lakshman.*

Page 31: *une déesse-mère jaïne, Vidya Devi, assimilable à la déesse hindoue de la connaissance Saraswati. Toutes les deux sont dépeintes avec leur veena (instrument à cordes), leur livre, un lotus et un pot. Cette image se trouve à la partie inférieure de la façade sud du temple Parsvanath.*

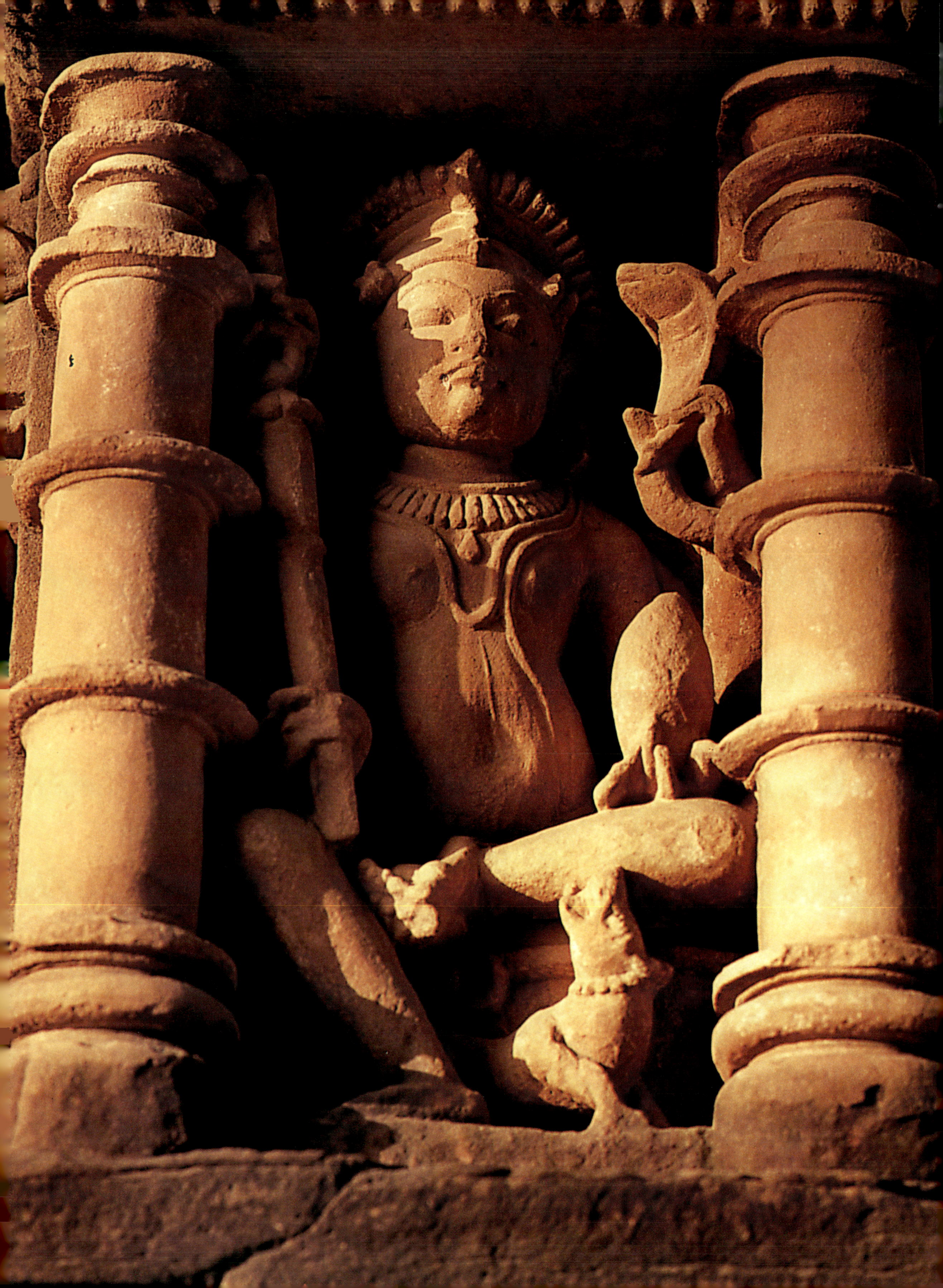

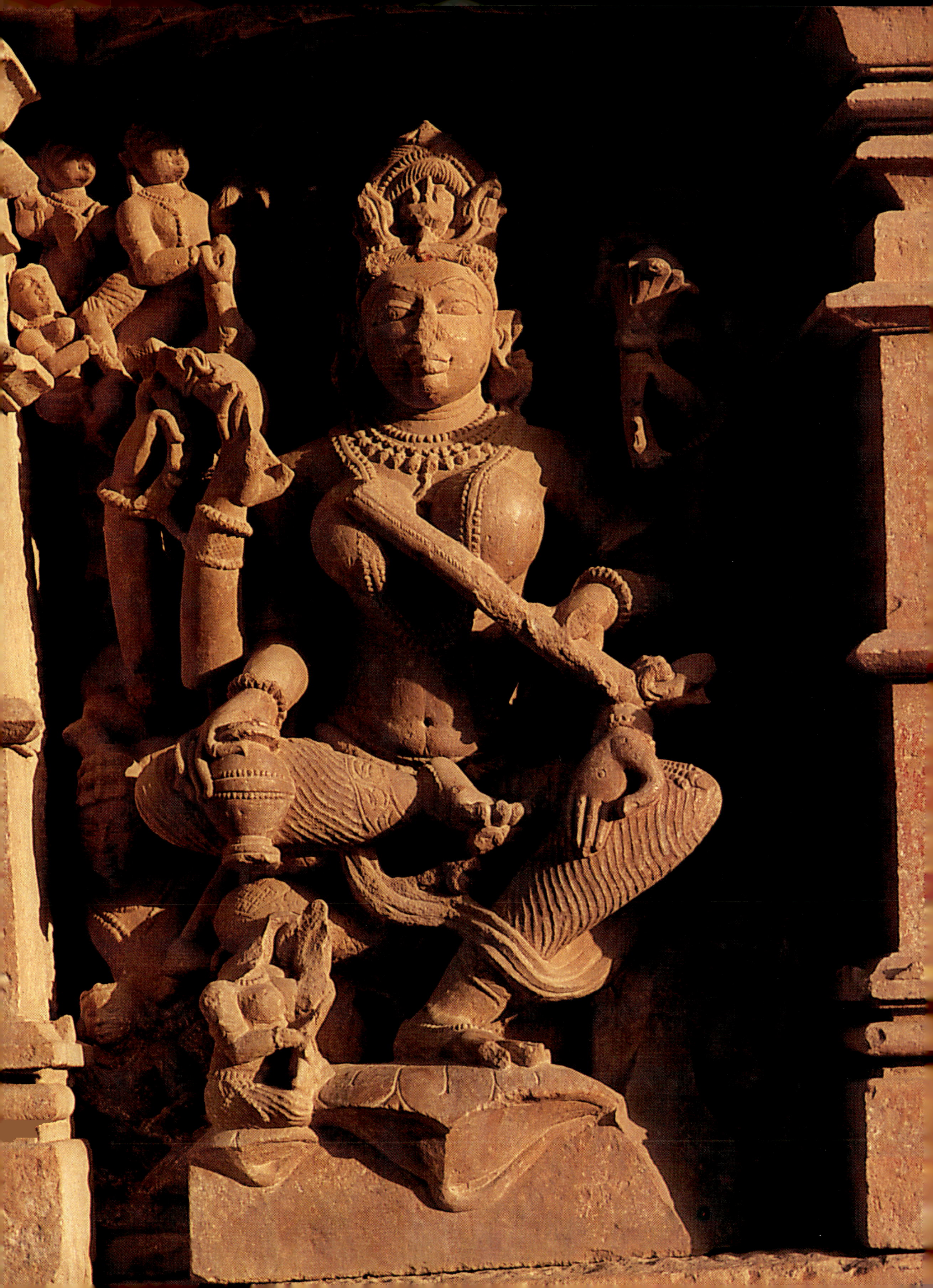

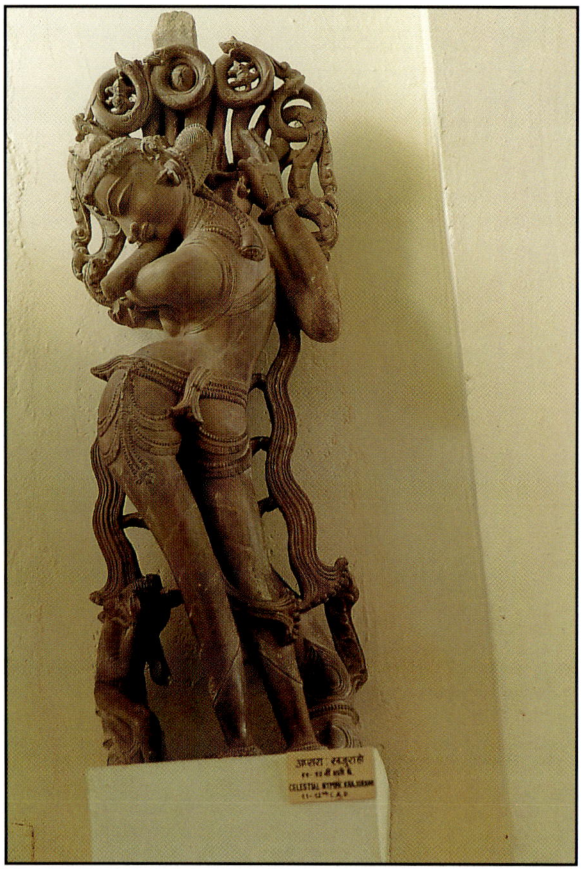

En haut: *une étude remarquable d'une nymphe céleste au musée qui dépeigne l'idéal indien de la beauté féminine: gorge ample, taille mince, hanches ondulées. Cette figure met en relief les grands yeux, le nez aquilin et les lèvres généreuses qui caractérisent la beauté indienne.*

En face: *bien que les temples de Khajuraho ne servent plus à des fins religieuses (la seule exception étant Matangeshwar), cette statue de Parvati dans le sanctuaire intérieur du temple de Jagdamba Devi réunit les fidèles qui viennent rendre hommage à elle et à son époux Shiva sous sa forme de Shakti, source d'énergie primordiale. Il ne s'agit pas de l'original, mais la sculpture actuelle remonte à la même époque que celle des temples.*

constate l'absence totale de l'érotisme. Bien que Khajuraho soit connu pour sa sculpture érotique, celle-ci ne fait qu'une partie d'une oeuvre beaucoup plus vaste.

Bandes géométriques et motifs floraux

Il existe aussi des bandes sculptées d'une grande beauté qui ornent les surfaces des murs intérieurs et exterieurs des temples ainsi que des motifs extrêmement complexes qu'on trouve sur les piliers et les plafonds à l'intérieur du temple. Tout cela fait preuve d'une habilité hors du commun de la part des artisans. Le plafond *ardh-mandap* du temple de Lakshman est considéré comme étant l'un des plus beaux de l'Inde centrale.

Une étude des chefs-d'oeuvre

Une première visite aux temples de Khajuraho risque de vous bouleverser, car l'oeil est ébloui par l'abondance des sculptures et l'esprit a du mal à saisir l'unité architecturale dans son ensemble. Si le visiteur désire voir les meilleures représentations de l'art sculptural à Khajuraho, il est conseillé de faire une attention particulière aux figures suivantes, celles-ci étant parmi les plus précieuses de chaque catégorie.

Dieux et déesses: pour une première visite, les meilleures sculptures à contempler sont:

Durga, temple de Lakshman. Cette sculpture, intacte, glorifie la déesse à plusieurs bras; elle a une expression de béatitude complète.

Vishnou, temple de Chattarbhuj. L'une des images de Vishnou à Khajuraho, c'est sans doute le meilleur, grâce à l'équilibre des expressions, aux ornements et aux détails anatomiques.

Ardhnareshwar, temple de Chattarbhuj. Shiva et Parvati dans la forme d'Ardhnareshwar, mi-homme mi-femme, qui est un concept clé de Khajuraho et qui exprime la fusion de l'énergie et de la conscience.

Shiva-Parvati, temple de Kandariya Mahadev. Parvati assise sur la jambe gauche de son époux, les yeux dans les yeux.

Ganga-Yamuna, temple de Lakshman. Les deux déesses-fleuves à l'entrée du sanctuaire sont

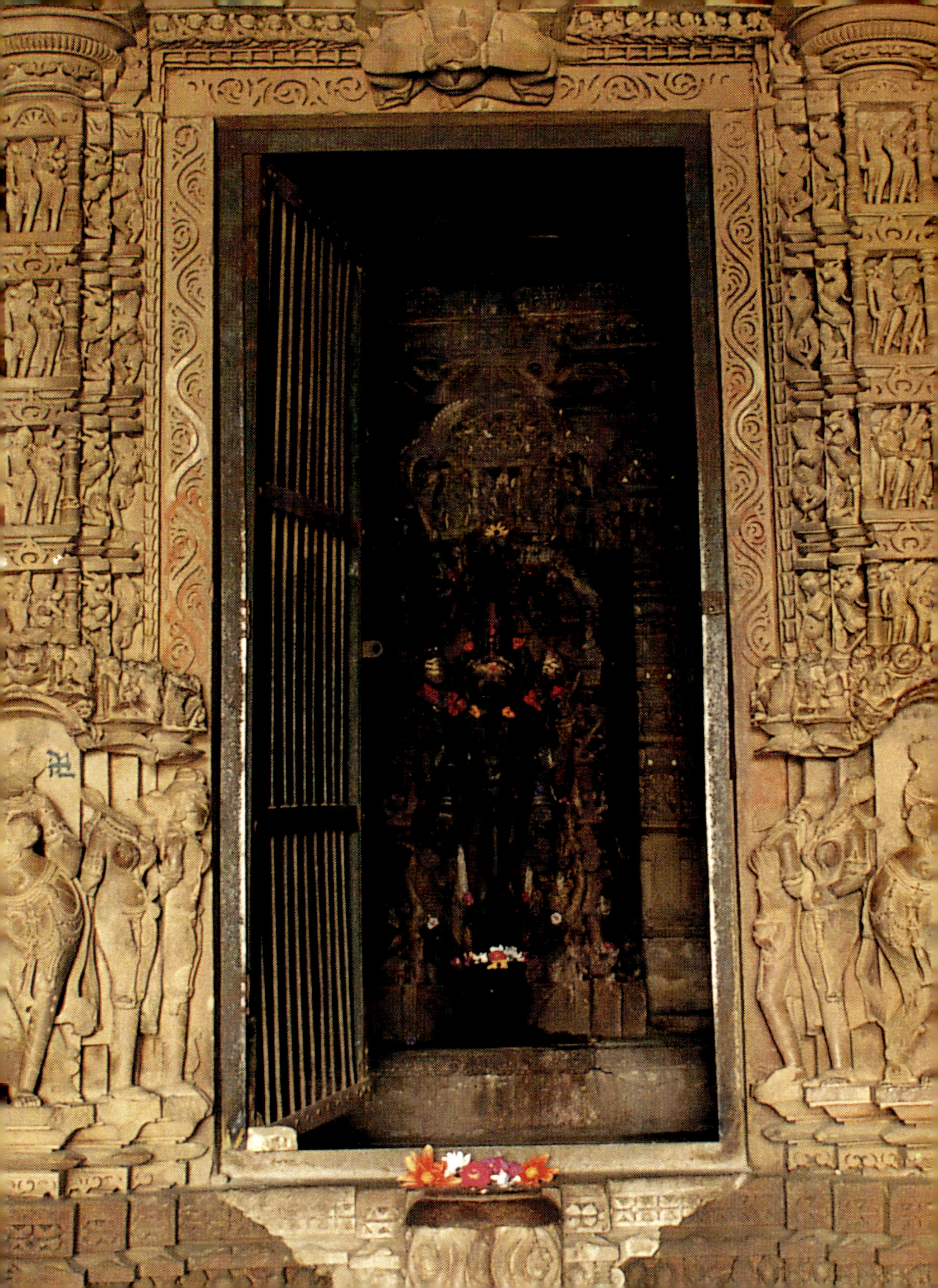

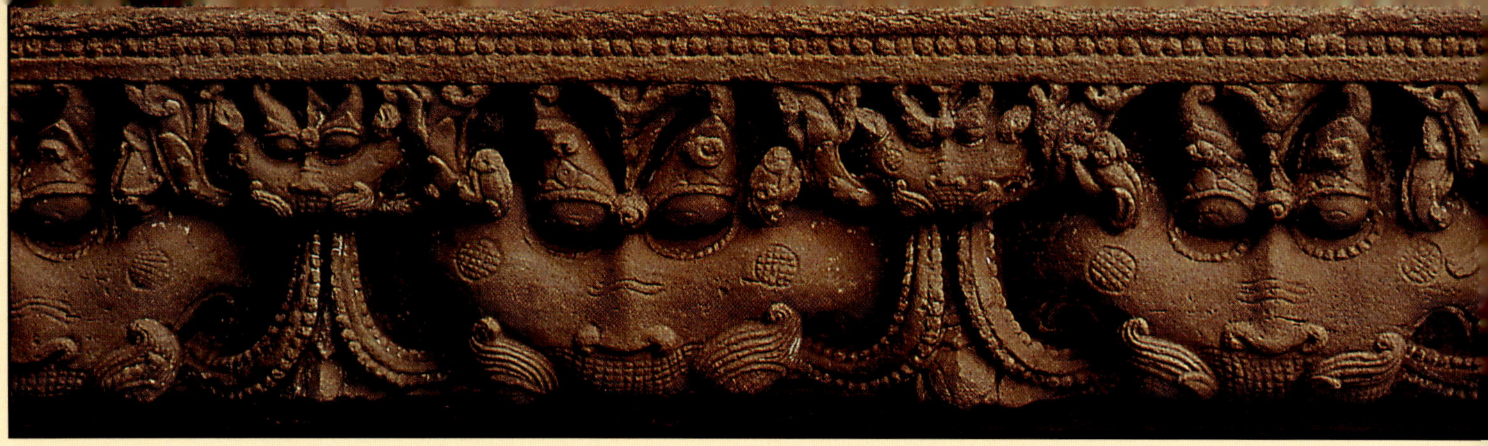

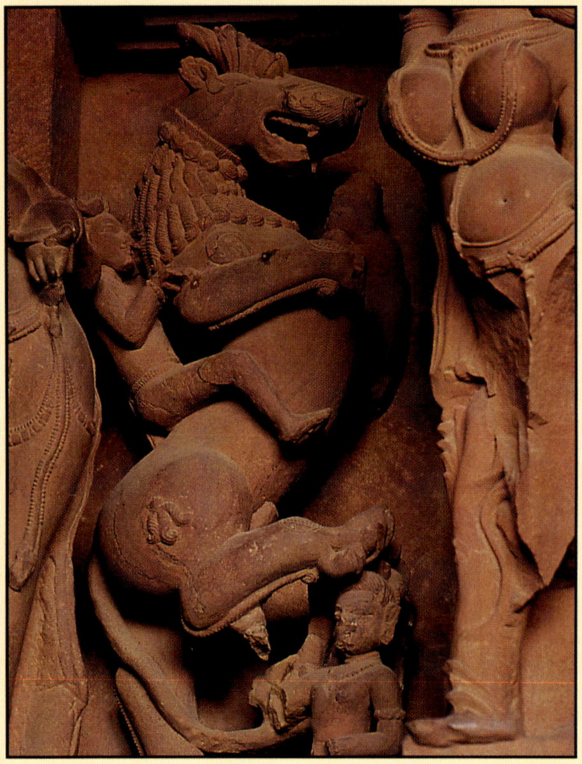

En haut: *Kirtimukha souvent appelé motif du masque-lion dans l'art indien, est un symbole assez commun à Khajuraho normalement sous forme de frise décorative entre différents groupes. Cette frise se trouve dans le temple de Lakshman.*

Ci-dessus: *Une représentation typique du* shardul *qui se trouve dans le passage circumambulatoire du temple de Lakshman en face du balcon orienté vers le nord.* Shardul *ou fauve mythique - mi-cheval mi-lion met en relief le combat entre la connaissance et l'ignorance grâce aux deux personnages qui y sont associés.*

Figures Mythiques

LES SCULPTURES DES TEMPLES DE KHAJURAHO représentent un grand nombre de personnages mythiques; bien qu'ils ne soient pas les protagonistes principaux des ensembles sculpturaux qui ornent les temples, ils jouent le rôle qui leur fut assigné par la mythologie et la volonté du sculpteur.

Shardul: La représentation sculpturale la plus fréquente, librement dispersée parmi les *apsaras* ou beautés célestes, est celle des *sharduls*, créatures fabuleuses qui met en valeur le côté bestial de l'humanité. Le *shardul* est representé le plus souvent avec deux figures en miniature de l'homme, l'un qui le monte, l'autre à ses pieds. Alors que la figure montée symbolise l'ignorance - la fauve tente de la dévorer - celle à ses pieds symbolise la connaissance. Le *shardul* nous rappelle la bataille permanente entre l'ignorance et la connaissance, entre le bien et le mal, notamment lorsqu'il s'agit des émotions de l'homme telles que les sculptures nous les livrent: la passion, l'égoïsme, la jalousie et la convoitise, toutes les faiblesses humaines y trouvent leur place. L'image du *shardul* est une sorte de mise en garde aux visiteurs qui ne voient que ce que leur offrent la société et la religion, leur déclarant que pour surmonter la passion humaine il faut avoir le sens de la responsabilité.

Traditionnellement, le *shardul* est représenté sous forme de mi-cheval mi-lion; parfois, le lion est remplacé par un éléphant, paon, chameau ou perroquet; il existe même des représentations où l'on garde le corps d'un

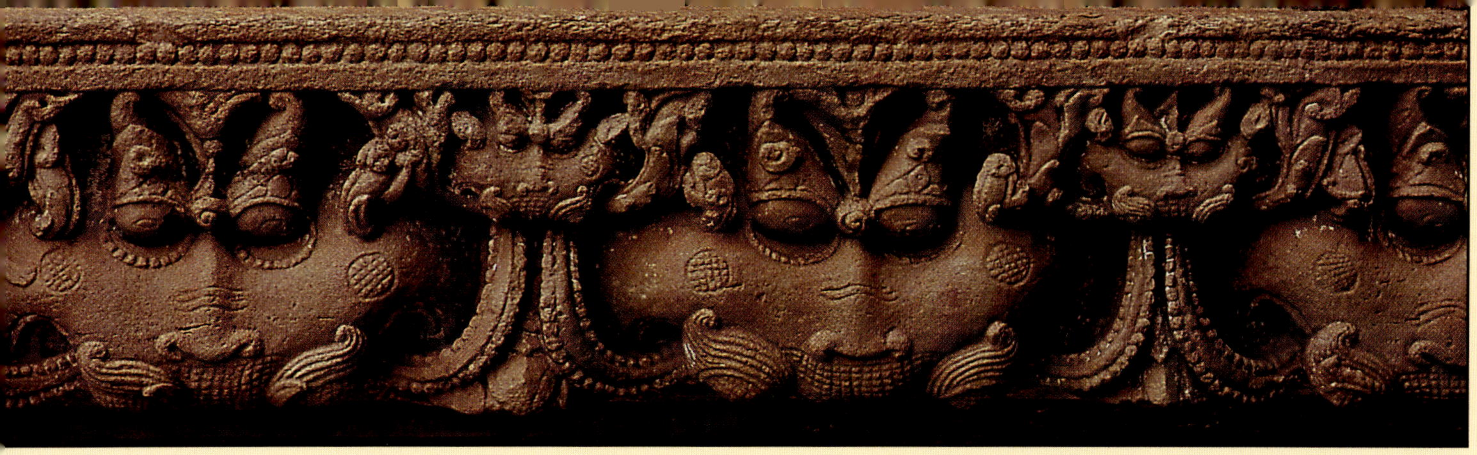

cheval avec la tête d'un homme. Ces variations sont particulières à Khajuraho.

Keechak: D'habitude, les colonnes qui supportent les murs et les balcons du temple sont surmontées de la figure de Keechak. Dans la mythologie indienne, Keechak symbolise le lutteur-nain d'une grande force de la cour du roi Virat, le roi de l'époque du Mahabharata qui donna asile aux cinq frères Pandava ainsi qu'à leur épouse Draupadi lorsque ces derniers furent exilés par les Kauravas. Puisqu'ils étaient incognito, Keechak essaya de séduire Draupadi et fut tué par Bhim. Il est toutefois resté symbole de la puissance; il était si fort qu'il pouvait tenir des éléphants. Il est donc le symbole par excellence pour supporter le poids des temples.

Dans la mythologie indienne, le nain est traditionnellement le symbole de la force; souvent, il est serveur d'un roi ou d'un noble. C'est à l'époque Sunga et Kushan qu'on représenta le nain dans l'art indien.

Kirtimukha: Essentiellement un motif décoratif dans les frises, Kirtimukha trouve sa place dans la mythologie indienne; un démon maléfique, il sut plaire à Shiva grâce à des années de pénitence. Shiva fut contraint de lui demander ce qu'il voulait comme don. Kirtimukha lui répondit qu'il voulait quelque chose qu'on pouvait manger sans cesse; Shiva le lui donna tout en stipulant qu'il devait se manger. Le démon n'avait pas d'autre choix que d'obéir, et de cette manière le monde fut débarrassé d'un monstre. Kirtimukha est normalement dépeint par un visage semblable à celui du dragon; on voit dans sa bouche son propre visage, ce qui signifie l'auto-destruction.

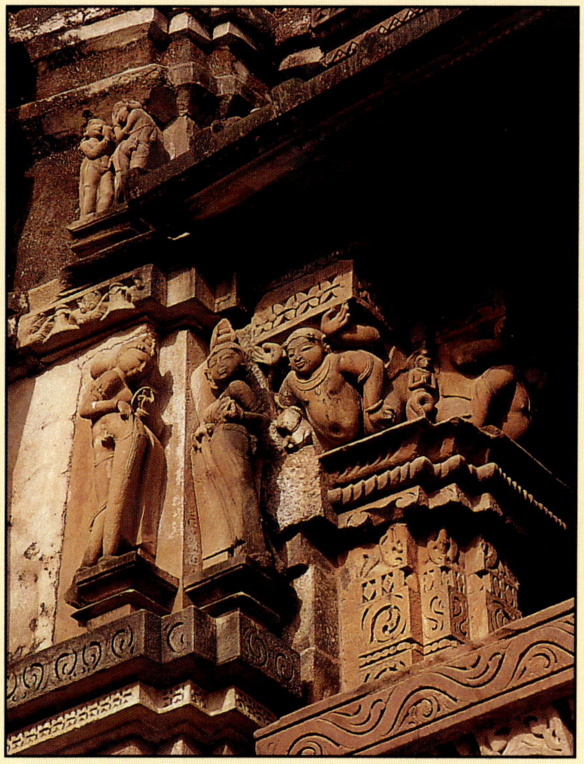

Keechak, le nain qui porte le fardeau, est posé en tête des colonnes qui supportent les murs du temple. Cette figure mythique d'une grande force aurait été un lutteur dans la cour du roi Virat dont le nom figure dans la grande épopée indienne, le Mahabharata. Les apsaras qui se trouvent à côté de lui font partie du motif. Mais le couple au-dessus de la fenêtre est l'une des surprises que Khajuraho réserve à celui qui sait regarder.

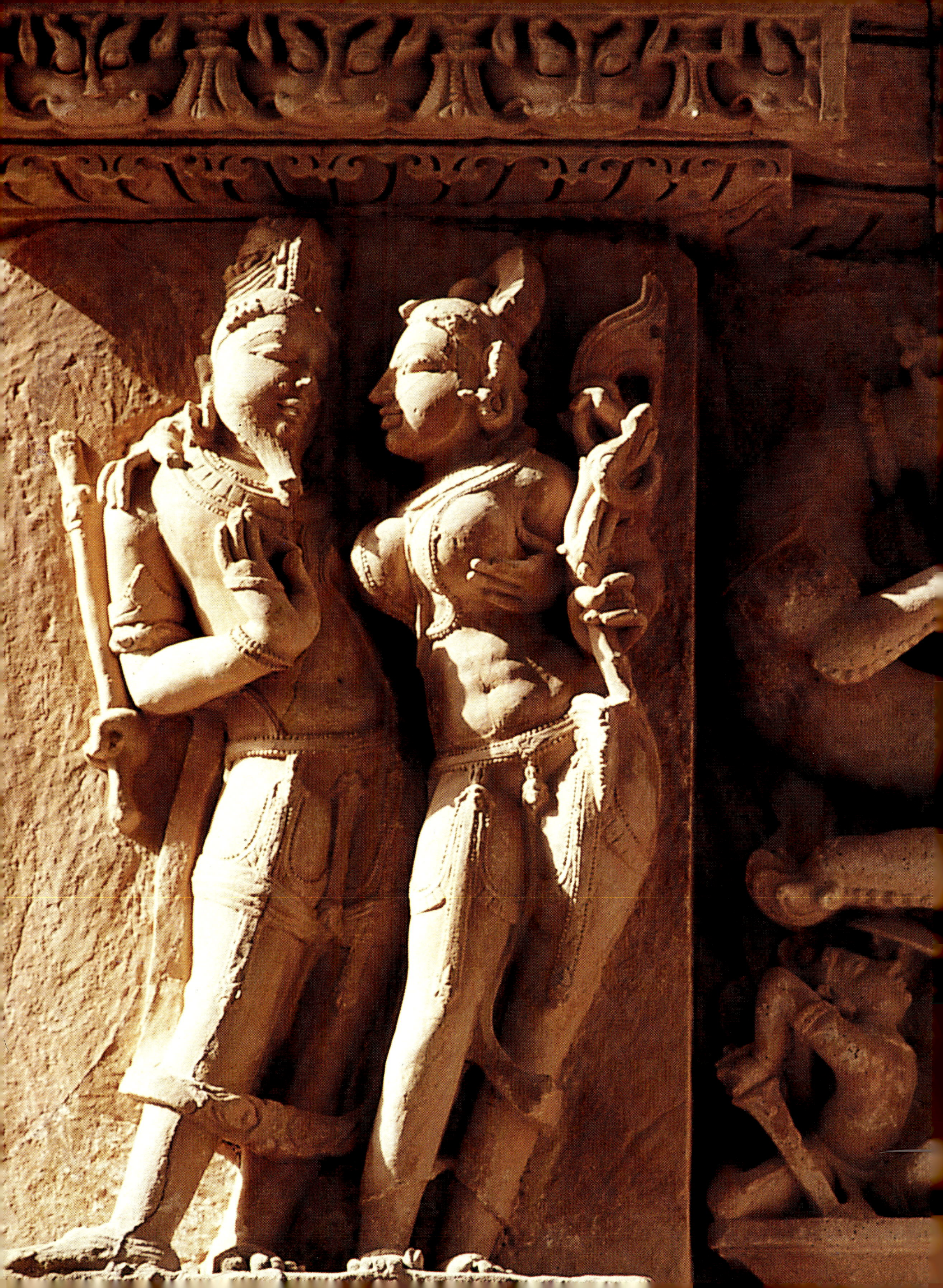

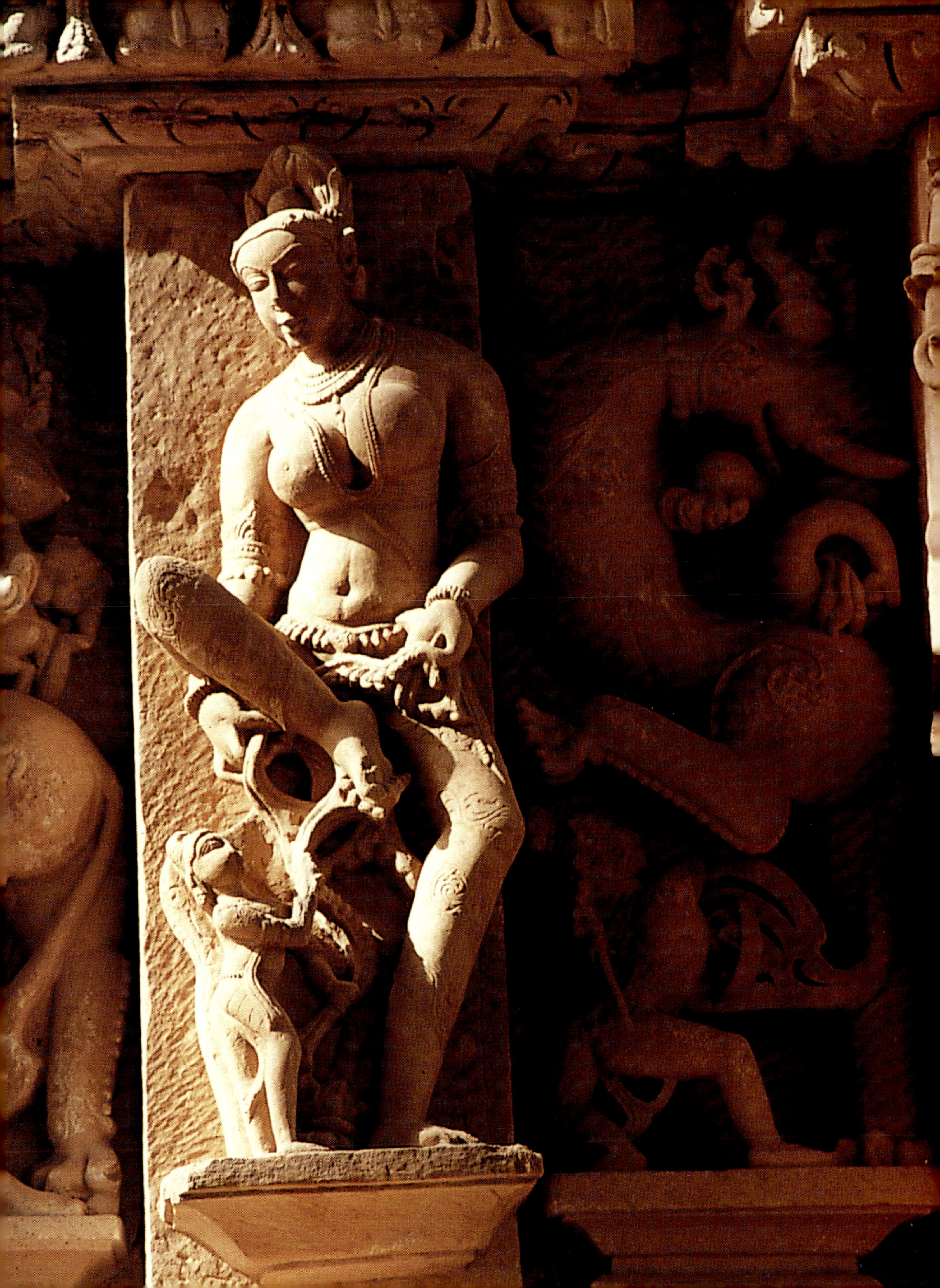

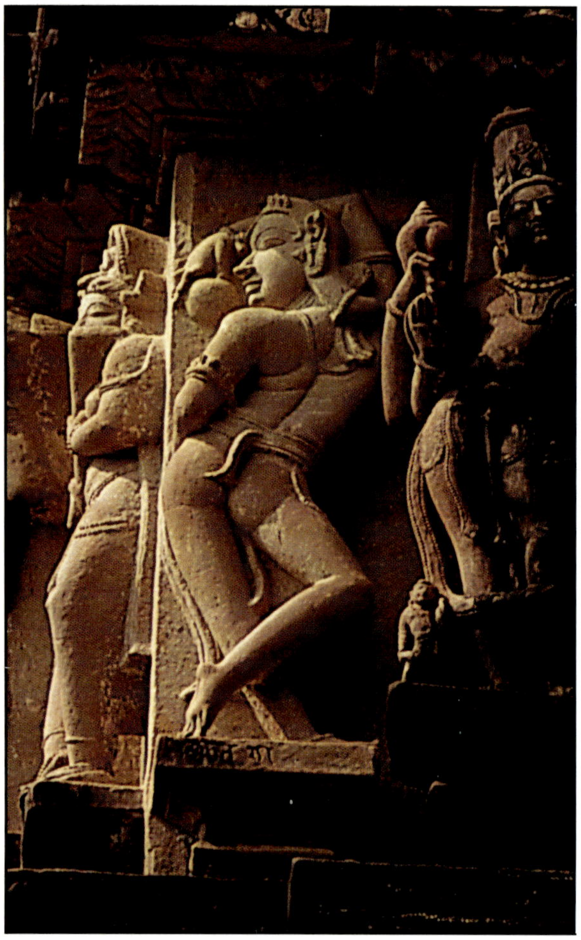

Pages précédentes: *Agni le dieu du feu avec son épouse Swaha de la façade nord du temple de Parsvanath. Ces images où la divinité mâle effleure les seins de son épouse représentent l'unité d'être, la sublimité de l'union et le transfert de la lubricité humaine à des niveaux plus élevés.*

Ci-contre: *la façade sud du temple de Lakshman est ornée d'une surabondance d'apsaras et celles à la partie supérieure sont exquises. Le geste de la femme jouant au ballon, thème souvent représenté, est sublime. Chacune des apsaras de cette partie du temple ont une coiffure compliquée, différentes les unes des autres.*

sculptées d'une manière exquise et donnent l'impression d'une parfaite maîtrise des gestes. Ces mêmes images se trouvent également au musée.

Parvati, musée. L'une des meilleures sculptures du pays grâce à l'équilibre de la figure sculptée; aucun détail du corps n'a échappé au ciseau de l'artisan.

Nymphes célestes: ces sculptures des danseuses, chanteuses et musiciennes dépeignent la femme comme artiste, mettant en valeur l'attrait érotique spontané des gestes féminins.

Au temple de Lakshman, les représentations suivantes méritent d'être vues de près: femme écrivant une missive; femme jouant de la flûte; femme appliquant du *sindoor* (poudre rouge appliquée au front comme signe de mariage); femme qui se cambre en baîllant; femme avec une lettre en train de supplier.

Dans le temple de Kandariya Mahadev, il faut surtout voir les représentations de l'artiste céleste suivantes: femme qui enlève ses sous-vêtements pour réveler ses parties génitales avec un scorpion montant sa cuisse, symbole de passion; femme qui verse du vin dans un gobelet tenu par un homme; femme avec des mangues et perroquet; femme perdue dans ses pensées alors qu'un singe lui tire les vêtements; la pose stylisée d'une femme vêtue à la mode de l'époque.

Dans le temple de Devi Jagdamba: femme qui offre son corps se soumettant complètement à l'homme; femme appliquant du *sindoor* au front; femme montrant les rides de ses parties génitales; femme tirant la barbe de son amant.

Dans le temple de Vishvanath: Cherchez surtout les *nayikas* au corps fluides et souples, aux traits fins, distinctes de celles des autres temples. Regardez bien les coiffures, les ornements et l'élégance des vêtements. On dirait de vrais mannequins très chics.

Temple de Vamana. Deux études des nymphes célestes connues pour leur beauté. Dans le temple de Parsvanath: étude des nymphes, notamment: celle qui se maquille les yeux; celle qui applique une poudre spéciale *alta* aux pieds; celle qui est en train de peindre un mur; une autre qui enlève une épine à son pied; nymphe qui se prépare pour un spectacle de danse.

Dans le temple d'Adinath: une danseuse en pose typique de la région avec percussionniste assis à ses pieds; danseuse appliquant *sindoor* au front; le détail de la sculpture est tout à fait remarquable.

Dans le temple de Duladeo: une figure qui saute aux yeux est celle de la nymphe en train de se serrer la ceinture.

Il convient de mentionner ici deux autres catégories de nymphes célestes, la première étant celle des *gandharvas* (nymphes qui flottent guirlandes de fleurs à la main), des *kinaras* (musiciens célestes) et des *vidyadhars* (épée à la main). Le meilleur de ces symboles se trouve sur les parties supérieures des temples de Parsvanath et de Duladeo. La deuxième catégorie comprend les *shalbhanjikas* (déesses sylvestres); on trouve deux sculptures de grande qualité au *Mahamandap* du temple de Lakshman; un autre exemple se trouve au *Mahamandap* du temple de Kandariya Mahadev. A cet égard, une visite au musée vaut la peine.

Mithuns ou couples érotiques: La sexualité est représentée de deux manières dans la sculpture des façades du temple. D'abord, on a les couples amoureux parmi les dieux et les déesses notamment ceux de Shiva Parvati et de Vishnou Lakshmi ainsi que certains couples amoureux aux parties supérieures qui représentent l'acte sexuel comme un lien créant l'unité et qui dépeignent le *moksha*. Des sculptures plus explicites révèlent la lubricité primordiale associée à l'acte sexuel qu'il faut hisser au rang du sublime. Bien qu'il existe de nombreuses représentations érotiques, seulement quelques-unes arrivent à transmettre le plaisir de l'union sexuelle à travers les expressions de la physionomie et le détail anatomique. Parmi les meilleures oeuvres érotiques:

Temple de Lakshman: orientée vers le sud, une sculpture énorme d'un couple qui s'embrasse, le coeur de la femme posé contre celui de l'homme; au nord-ouest dans une petite niche, un couple amoureux emporté par la passion qui se révèle non seulement dans la physionomie mais aussi dans les gestes corporels; au nord-est, une frise avec un soupçon d'humour - un éléphant riant à côté d'un couple en train de faire l'amour.

Dans le temple de Lakshman où se trouve le plus grand nombre de sculptures érotiques, une frise à l'extérieure de la plate-forme et quelques petites frises

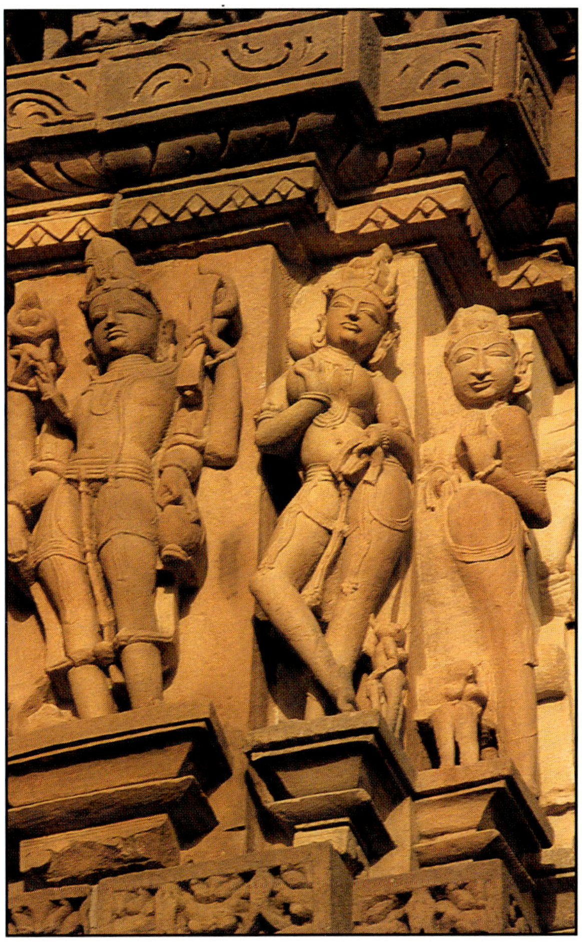

Le temple de Kandariya Mahadev est du point de vue de l'architecture certainement le plus beau et la sculpture a été reléguée à l'arrière plan. Ces figures qui se trouvent sur la façade nord orientée vers l'est méritent d'être appréciées une à une: femme qui supplie, lettre à la main; femme perdue dans ses rêveries avec un singe qui lui tire la robe.

Les Nymphes de Khajuraho

L'UN DES TRAITS SAILLANTS DES sculptures de Khajuraho est la représentation des apsaras dans leurs moments de loisir, captées à jamais en pierre. Grâce au jeu de la lumière et des ombres, leur vivacité ressort clairement. On les voit faire leur toilette, engagées à remplir des tâches peu exigeantes-une représentation de l'oisiveté de l'aristocratie de la société médiévale.

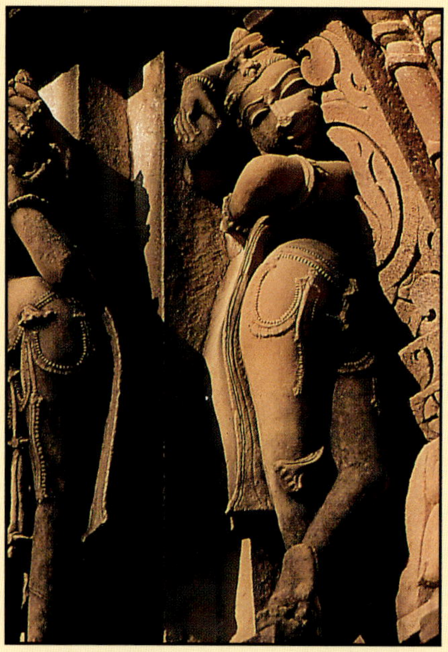

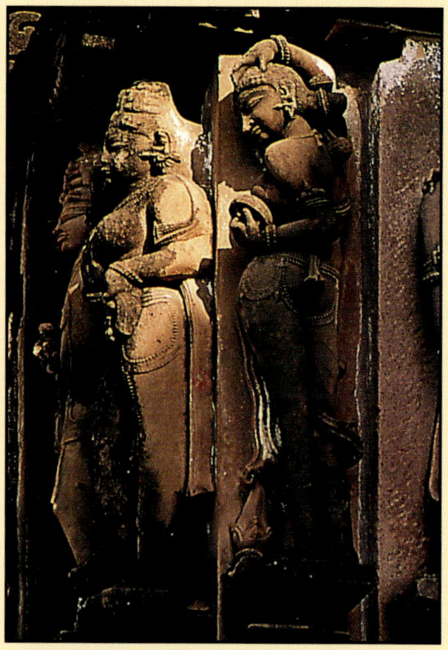

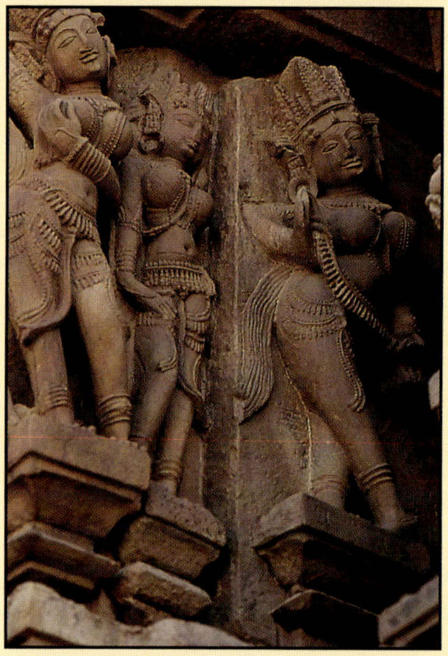

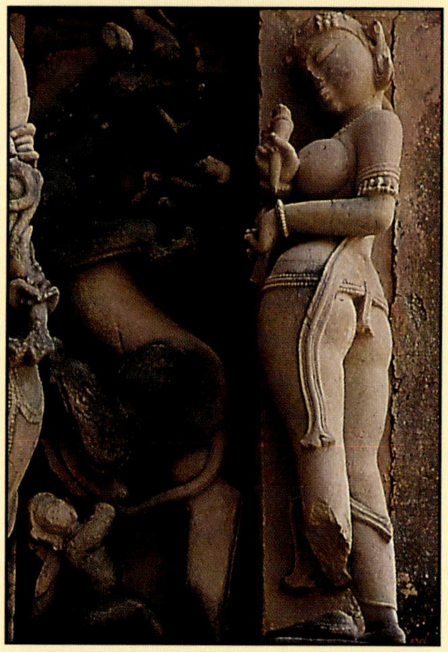

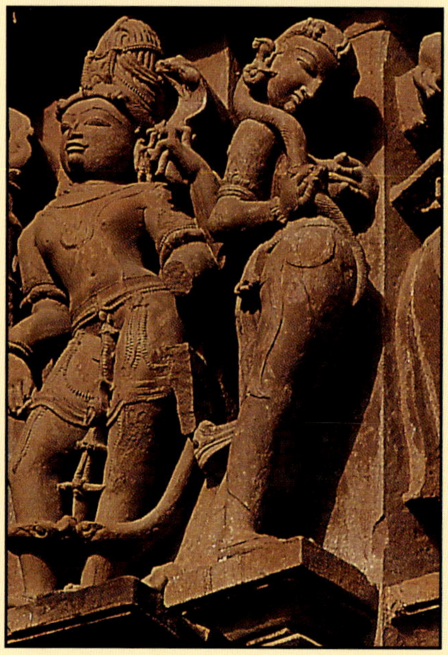

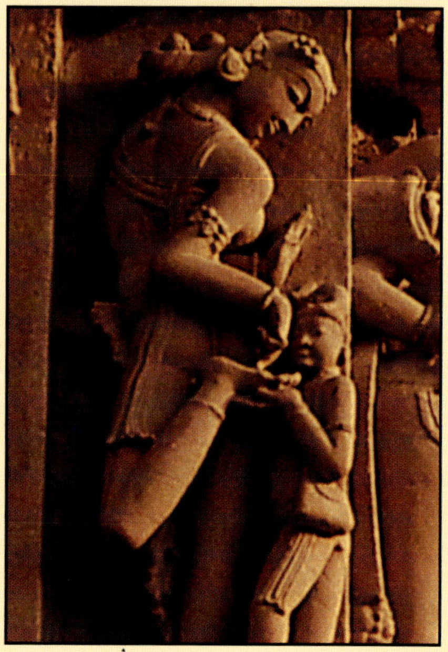

1. *Sur un mur du temple de Devi Jagdamba, un aspsara joue avec un ballon.*
2. *Cette apsara, probablement une danseuse, est en train de mettre une ceinture. De la bande inférieure orientée vers l'ouest du mur nord du Duladeo.*
3. *Orientée vers le nord, cette bande inférieure du temple de Vishvanath montre une femme qui se sèche les cheveux. Il convient de noter l'élégance du détail, les fleurs et les bijoux qu'elle porte.*
4. *La femme qui applique de la poudre rouge au front est un thème souvent répété à Khajuraho. Cette sculpture se trouve sur la façade nord du temple de Devi Jagdamba.*
5. *Une nymphe, l'image même de la concentration, est en train d'appliquer le henné à la main. Cette sculpture se trouve à la partie de derrière du temple de Parsvanath.*
6. *La partie inférieure de la façade septentrionale à l'arrière du temple de Lakshman est importante pour la figure d'une femme qui se retire*

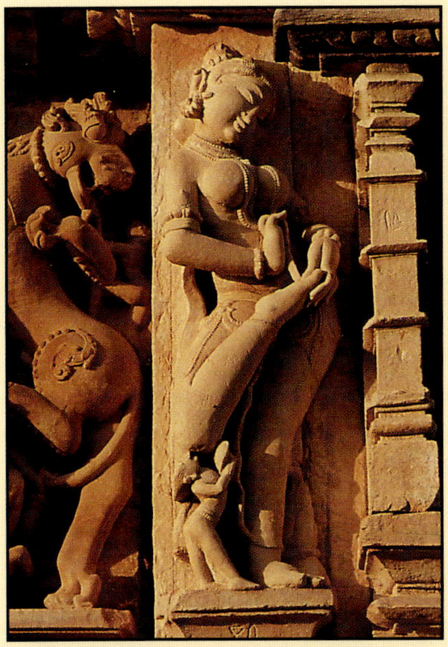
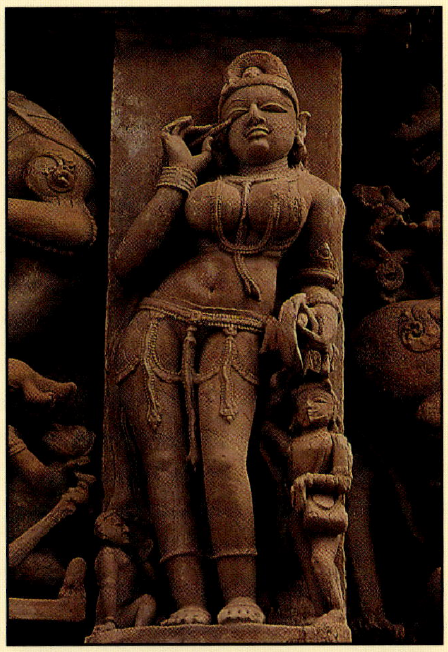
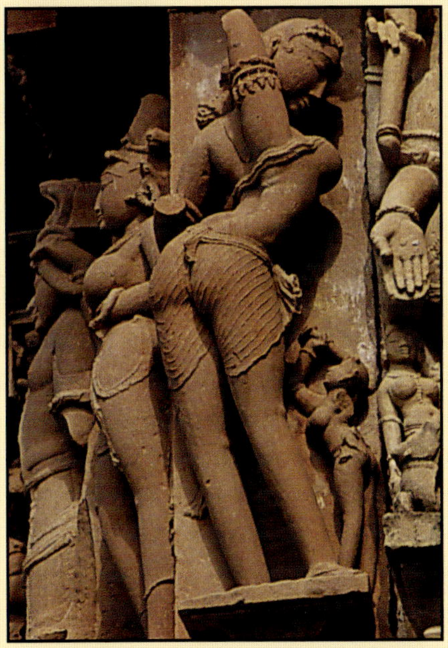
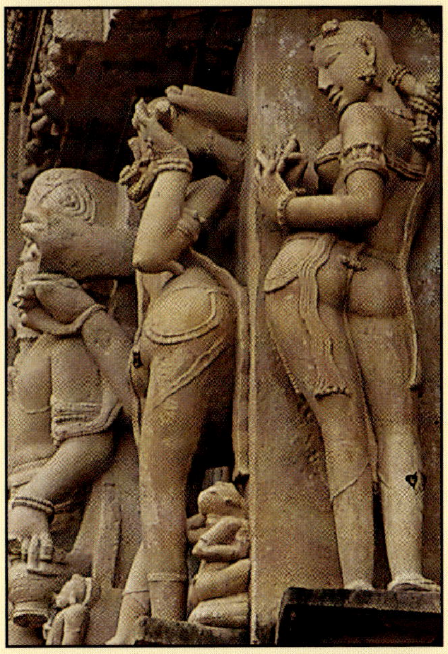
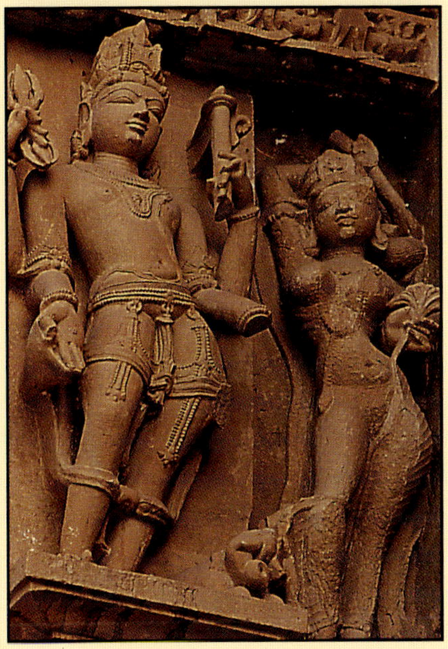
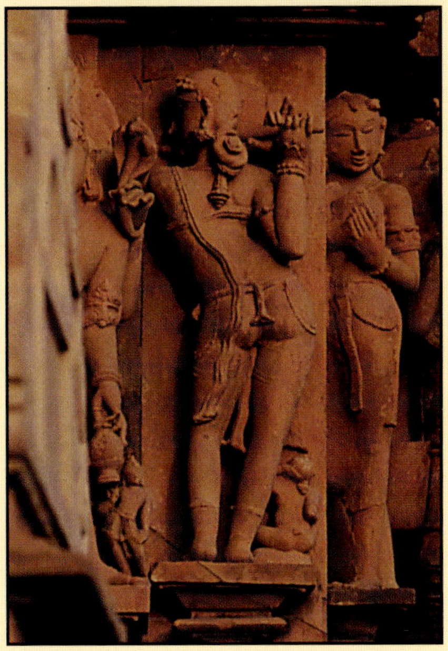

une épine au pied. Un petit serviteur lui offre un support; ce qui est d'un intérêt plus particulier est le sac qu'il porte en bandoulière comme on le fait aujourd'hui.

7. *Ce panneau dont la partie inférieure est orientée vers le sud du temple de Parsvanath montre une femme appliquant de l'alta aux pieds. Cette tradition continue dans certaines regions de l'Inde, notamment chez les jeunes mariées et les danseuses.*

8. *Une nymphe céleste est en train d'écrire une missive. C'est un thème qui se répète à Khajuraho.*

9. *Une apsara, la tête dans les nuages, en déshabillé nous montre sa jambe. Cette figure se trouve sur la façade orientée vers l'ouest du temple de Vamana.*

10. *Une sculpture de la partie inférieure du temple de Parsvanath orientée vers le sud nous montre une femme appliquant du kohl aux yeux.*

11. *Une représentation exquise de la sensualité des apsaras, notamment d'une nymphe céleste qui se gratte le dos.*

12. *Une apsara jouant de la flûte sur la partie inférieure de la façade orientée vers l'est du mur septentrional du temple de Lakshman. Sa coiffure et la fluidité de ses doigts sur la flûte méritent une attention particulière.*

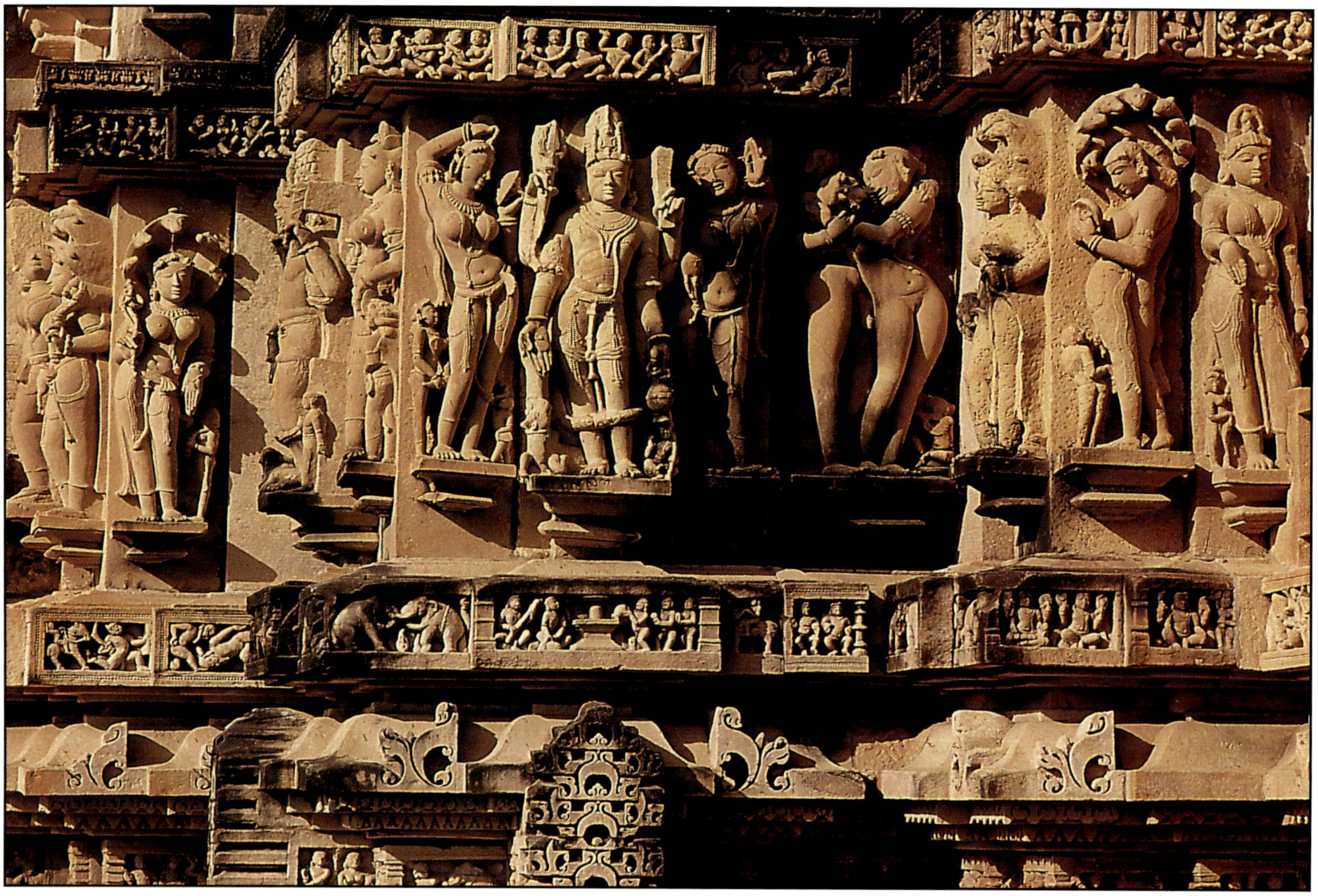

La partie du milieu du temple de Lakshman orientée vers le sud a cette figure célèbre du couple qui s'embrasse sur la bouche. Il s'agit-là de l'un des meilleurs exemples de l'art érotique, notamment pour ce qui est de la langueur des poses corporelles. Cette partie a également de nombreuses naagkanyas (images féminines portant des serpents-couronnes). La figure centrale de Vishnou est flanquée d'une chanteuse et d'une apsara appliquant de la poudre rouge au front.

entourant le bâtiment principal représentent des scènes orgiaques et la lubricité complètement dépourvue de spiritualité.

Le temple de Chitragupta contient une représentation exquise d'un baiser, la femme s'offrant dans un geste de soumission totale à l'homme.

Le temple de Kandariya Mahadev: on y trouve très peu de représentations érotiques bien qu'on le considère le plus beau temple de Khajuraho. La sculpture érotique la mieux connue suggère une pose de yoga, l'homme en figure du poirier aidé par deux femmes qui participent à une scène orgiaque. D'après certains, cette figure porte les signes de l'influence du tantrisme.

Le temple de Devi Jagdamba: on y trouve les meilleures représentations des couples amoureux. Trois couples se distinguent en particulier par la beauté de la sculpture. On les voit orientés vers le sud, le sud-ouest et l'est.

Le temple de Vishvanath: deux sculptures, une

orientée vers le sud, l'autre vers l'ouest, méritent une attention toute particulière pour les poses peu usuelles des couples faisant l'amour. Impossibles à accomplir, elles représentent néanmoins tout l'art des sculpteurs de Khajuraho.

Figures mythiques: certaines figures mythiques ne se trouvent qu'à Khajuraho. Le *shardul* domine l'art sculptural. Une représentation du *shardul* peu commune se trouve dans le temple de Lakshman: la créature mythique est dominée par l'homme. D'autres *sharduls* intéressants sont situés dans les temples de Parsvanath et d'Adinath. Les meilleurs keechaks se trouvent dans le temple de Lakshman; l'expression du visage y est très nette. Le temple de Lakshman peut également vanter d'une frise inégalée des Kirtimukhas.

Nains: La figure du nain a été utilisée pour remplir les espaces vides ou pour remplir des rôles spécifiques. Le nain tenant le *kalash* à côté de la figure du Ganga au musée mérite d'être vu. Le temple de Lakshman a une frise d'éléphants avec des nains interposés. Dans les temples jaïns du groupe oriental, les nains font office de serviteurs. Des représentations individuelles des nains se trouvent au musée.

Scènes de bataille: Bien que les panneaux ne soient pas très larges, ils nous donnent une image fidèle de ce qu'était la guerre à l'époque médiévale. Y figurent scènes de batailles, armées en marche, soldats en combat et diverstissements hors du champ de bataille. Les meilleures représentations se trouvent dans certaines frises des temples de Lakshman, de Vishvanath et de Kandariya Mahadev.

Vie quotidienne: Ces scènes sont importantes, car elles nous permettent d'avoir une idée de la vie sociale et économique des nantis de l'époque. Le temple de Lakshman montre des artistes travaillant la pierre, des pèlerins, des musiciens, des écoles, et ainsi de suite. Le temple de Vishvanath nous livre des représentations précieuses des défilés religieux, des danseuses, des musiciens et de l'armée entre autres. Certains panneaux qui se trouvent au musée méritent aussi un examen approfondi.

Figures du sanctuaire intérieur: Certaines figures du sanctuaire intérieur sont des exemples brillants de la sculpture en pierre caractéristique de l'époque médiévale. Celles qui méritent une attention

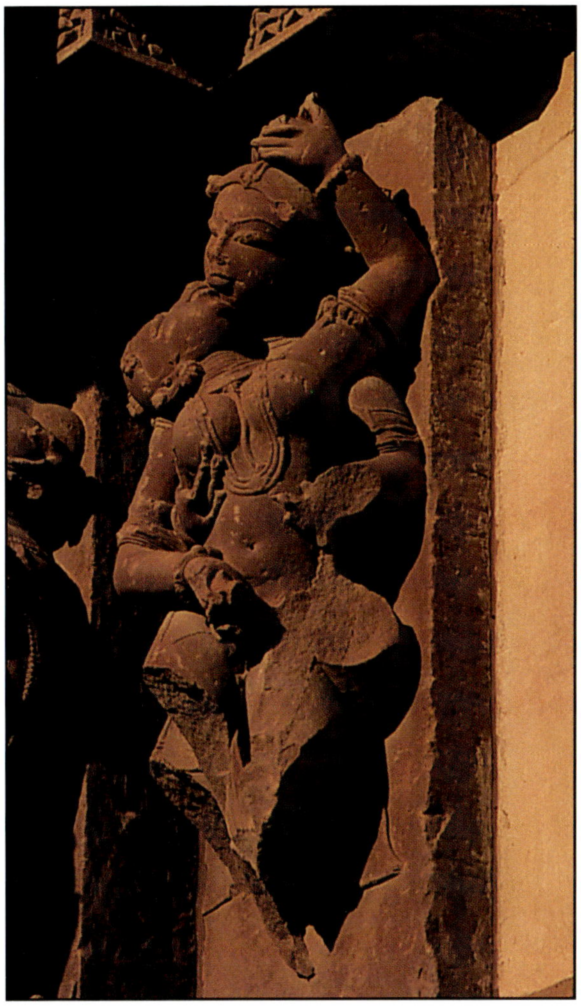

En haut: *figure abîmée des amants qui s'embrassent, les détails physionomiques étant très nets. De la partie inférieure de la façade sud-ouest du temple de Chitragupta.*

Au verso: Le visiteur a souvent tendance à ne pas voir cette sculpture du temple de Devi Jagdamba. Gravée au mur orienté vers l'est, elle montre une intimité partagée entre deux amants qui transcende le désir.

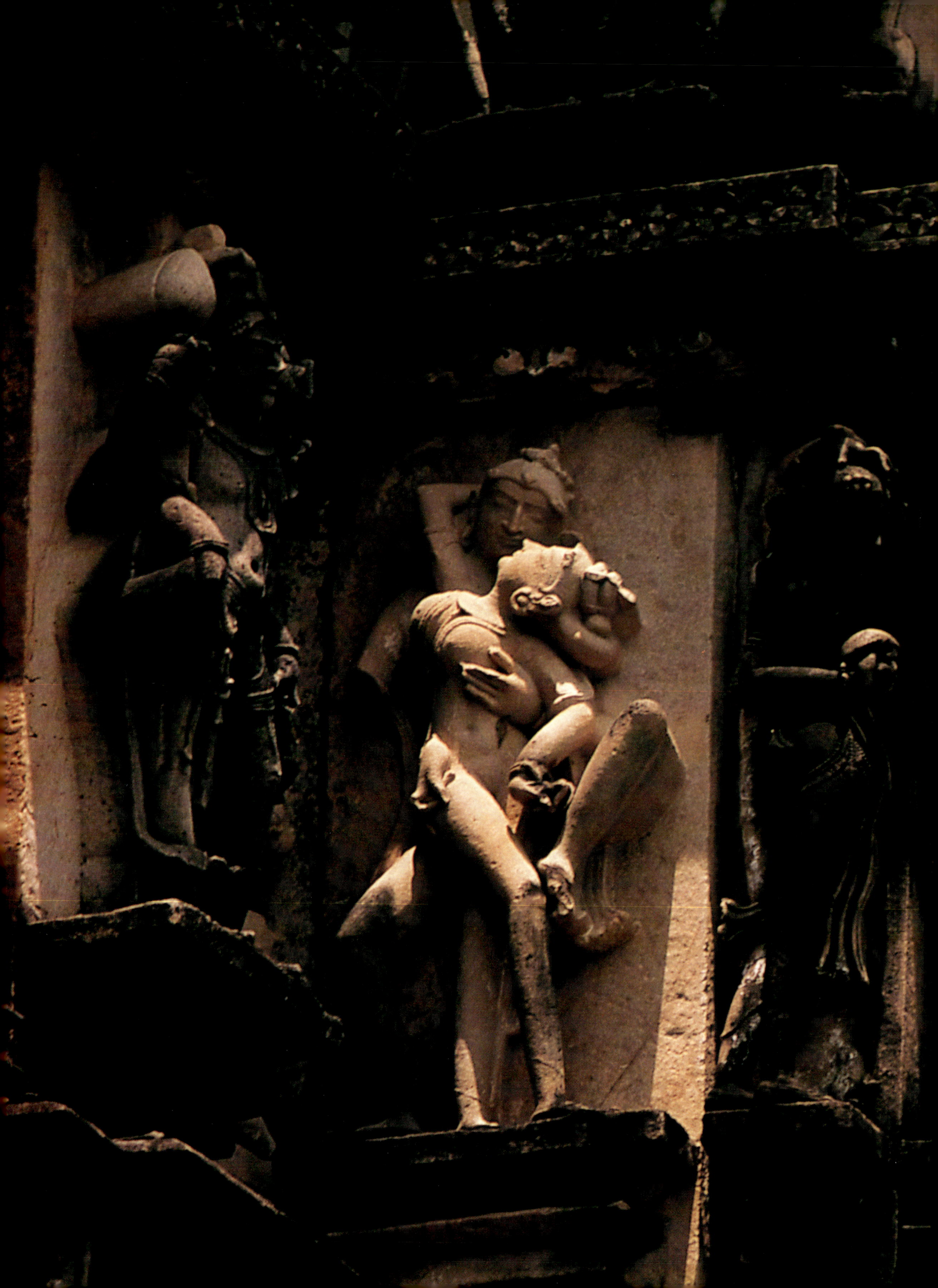

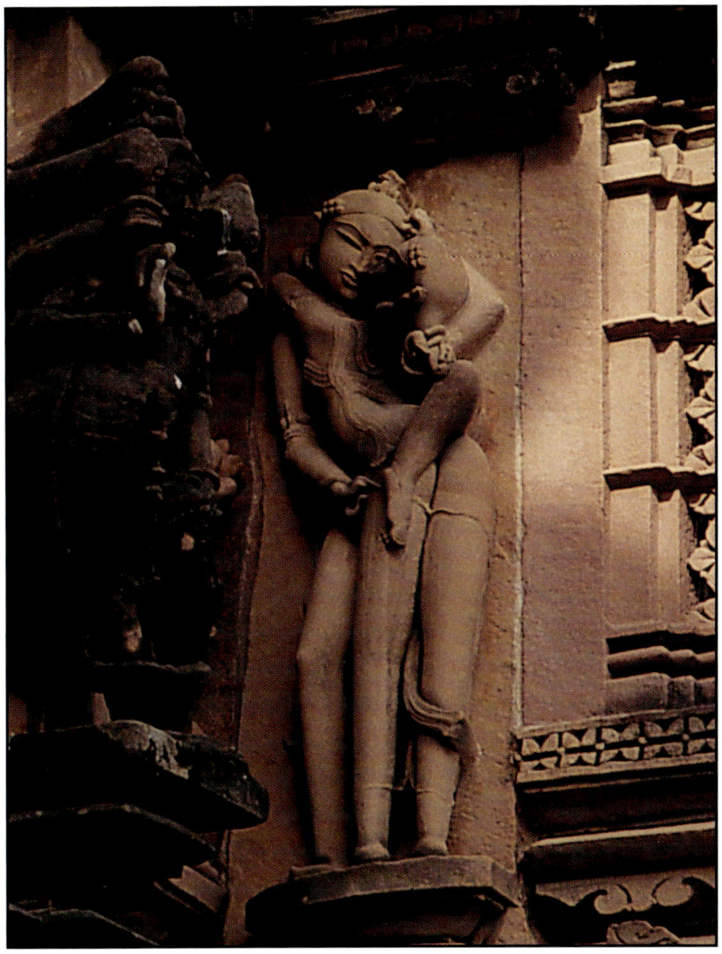

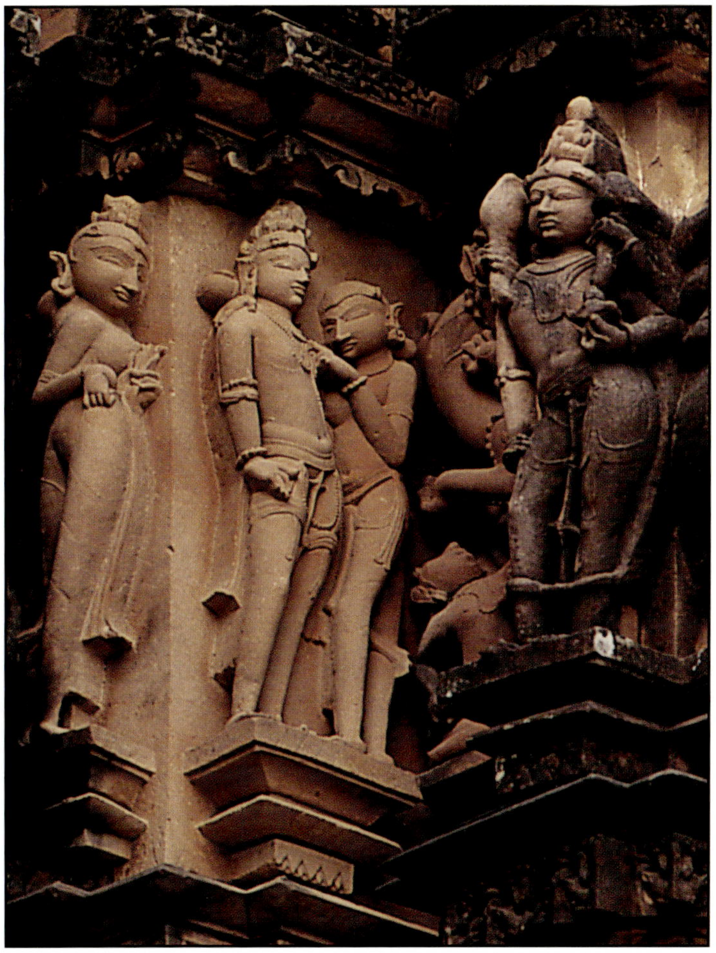

particulière sont: Vaikuntha ou Vishnou multicéphale dans le temple de Lakshman; Parvati dans sa forme de shakti au temple de Devi Jagdamba; la représentation phallique de Shiva aux temples de Vishvanath et de Matangeshwar; la représentation Dakshinmurti de Shiva au temple de Chaturbhuj; la statue du dieu soleil ou Suryamurti au temple de Chitragupta. Egalement intéressant: le sanctuaire du temple de Parsvanath avec ses sculptures originales qui entourent le temple plus récent du Tirthankara jaïn.

Sculptures moins connues

Une visite courte à Khajuraho ne permettra pas aux visiteurs de découvrir toute la richesse sculpturale de Khajuraho. En même temps, il faut regarder au-delà de l'évident. Les meilleures sculptures se trouvent sur les façades à l'intérieur des temples. On peut les voir seul ou avec un guide qui saura vous montrer la crème des crèmes.

Pour ceux qui désirent pénétrer les secrets profonds de Khajuraho, voici quelques tuyaux.

En haut, à gauche: *une sculpture intéressante de la partie du milieu de la façade orientée vers le nord du temple de Devi Jagdamba. Un moment d'intimité partagée, la femme jouant avec les perles du collier. Est-ce qu'elle transmet une inquiétude par son silence?*

En haut, à droite: *ce couple amoureux sur le mur du nord du temple de Devi Jagdamba est un exemple brillant de l'unité masculine et féminine dans la quête du sublime. Les corps entrelacés semblent s'amalgamer en un seul alors que les yeux de l'homme semble indiquer qu'il est en état de transe.*

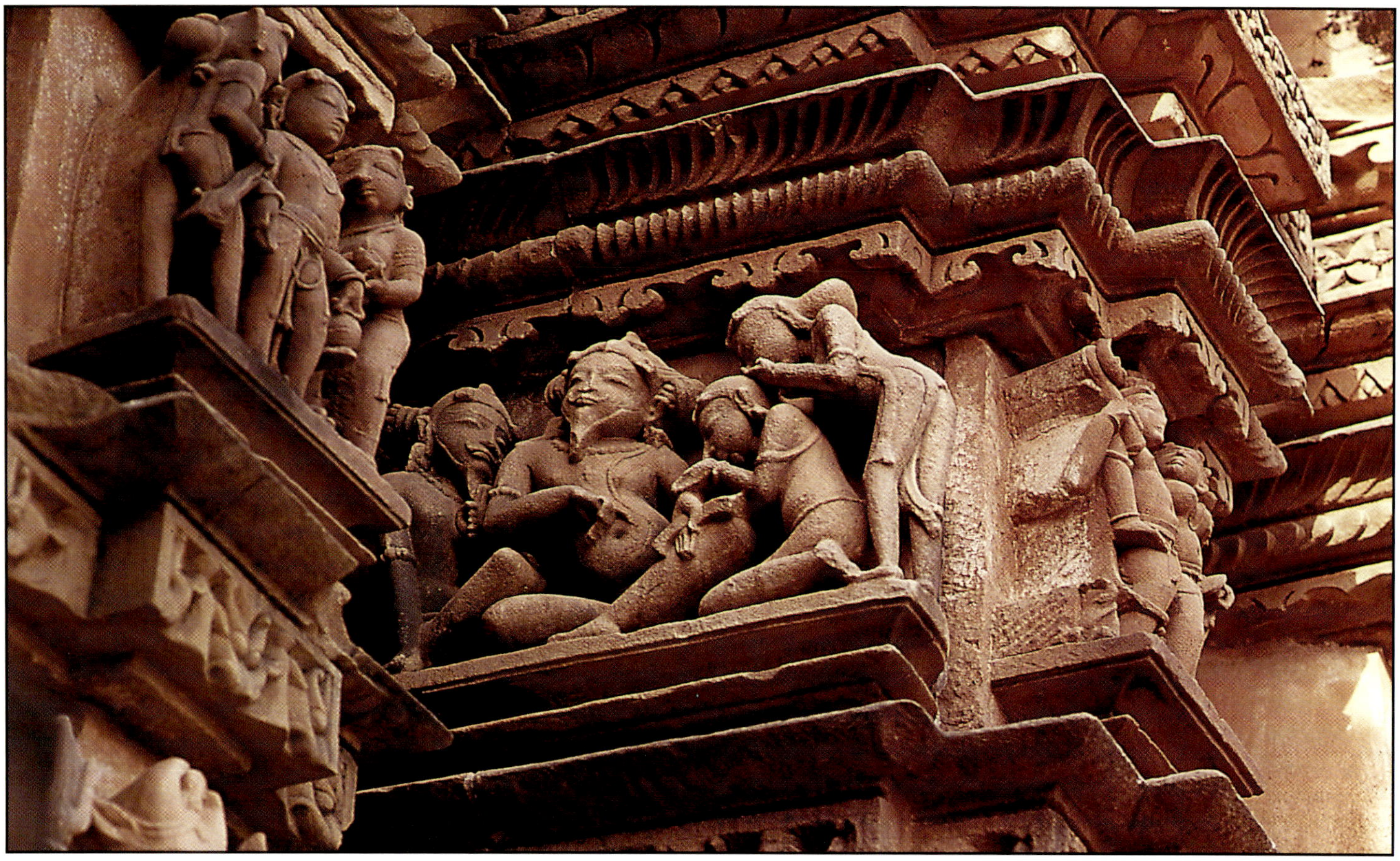

Ce panneau parfaitement encadré du temple d'Adinath dépeint un personnage important avec ses serviteurs alors que des visiteurs viennent lui rendre hommage.

Les meilleurs exemples de la sculpture de Khajuraho sont les *apsaras* ou nymphes célestes. Souvent, les meilleures représentations sont au niveau de l'oeil à l'intérieur du mandap ou déambulatoire du temple principal. Bien que l'éclairage à l'intérieur du temple ne soit pas très bon, il y a quand même suffisamment de lumière pour pouvoir étudier les détails et les expressions des figures. A titre d'exemple, dans le temple de Lakshman, il y a une sculpture d'une apsara au regard implorant, tenant une missive à la main. Ce que l'apsara tente de faire est de montrer aux visiteurs la lettre qui porte le nom du village de son amant; elle demande aux visiteurs de la transmettre à son amant qui n'habite qu'à deux heures de marche du temple.

Plusieurs images des dieux et déesses sont disposées au-dessus du niveau de l'oeil et les visiteurs doivent se bien placer aux extrémités des plates-formes pour regarder les parties supérieures des temples et de repérer les chefs-d'oeuvre: par exemple, une représentation d'une beauté précieuse du Seigneur Ram, arc et flèche à la main, dans le temple de Lakshman. Il y a également une représentation minutieuse du dieu du feu Agni. Sur la partie supérieure du temple de Vishvanath, une sculpture de Vishnou dans sa forme universelle telle qu'elle est conçue dans le *Bhagvad Gita* mérite d'être vue. Le temple de Lakshman dépeint toute l'histoire du *Krishna Leela* dans la partie supérieure du circumambulatoire.

Les meilleures sculptures 'cachées' ont des thèmes érotiques. Consacrez un peu de temps pour les repérer, ça vaut la peine. Regardez notamment les frises le long des murs des temples. Les petites sculptures font souvent preuve d'un sens remarquable d'humour. Regardez également les orgies, les scènes de perversion sexuelle et plus encore. A l'intérieur du circumambulatoire du temple de Lakshman si l'on jettait un coup d'oeil sur les sculptures de petite taille de la bande inférieure (il faut parfois s'étendre à même le sol), il y a des scènes de perversion, notamment celles où tout un groupe d'animaux - du sanglier au tigre - fait l'amour à une seule femme. Au-dessus des balcons le long de la façade du temple de Vishvanath (il faut se mettre à l'extrémité de la plate-forme pour les voir), il y a une abondance de sculptures érotiques que l'on a tendance à ne pas voir puisqu'elles ne sont pas au niveau de l'oeil.

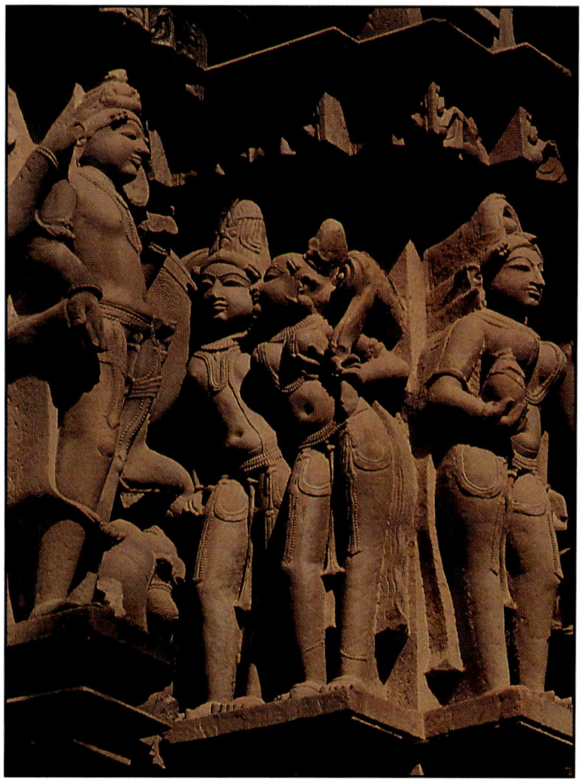

Le mur occidental du coin sud-ouest du temple de Devi Jagdamba offre aux visiteurs une représentation charmante d'un couple sophistiqué sorti en promenade. Cette sculpture se distingue par la netteté des expressions physionomiques, les ornements et la fluidité du mouvement des corps.

Sculpture des animaux

Khajuraho est le domaine de la femme dans toute sa complexité; mais on n'a pas pour autant négligé l'homme dans les sculptures. La divinité mâle et l'époux semblent équilibrer cette abondance d'images féminines. Pour renforcer cet équilibre, on a également prévu certaines scènes de bataille et de la vie quotidienne ainsi que de nombreuses images des animaux.

Les frises dépeignent des troupeaux d'éléphants en marche; l'éléphant a été accordé une place très importante dans la sculpture de Khajuraho. Dans l'histoire et la religion, l'éléphant a toujours été associé au psyché indien; à Khajuraho, ses contours sont parfaitement travaillés, quel que soit le geste qu'il accomplit - qu'il fasse partie d'un défilé ou d'une armée. L'artiste s'est permis de donner à l'éléphant un sens de l'humour très développé et d'autres caractéristiques humaines. Au cours d'une marche, un éléphant espiègle essaye de faire tomber un autre;

Les Frises D'animaux

LES PETITES BANDES qui entourent les murs du temple sans faire partie de la sculpture principale combinent souvent des scènes de bataille ou d'hommes vaquant à leurs tâches quotidiennes avec celles des animaux, l'éléphant étant l'animal privilégié. Elles sont une représentation charmante d'une société dans laquelle les animaux occupaient une place importante, faisant pleinement partie de la comédie humaine.

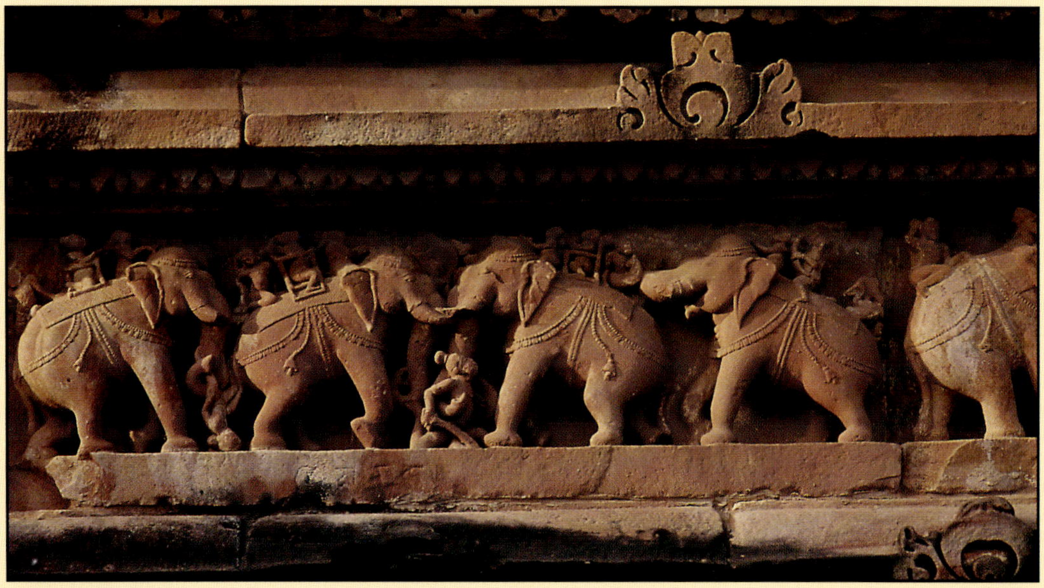

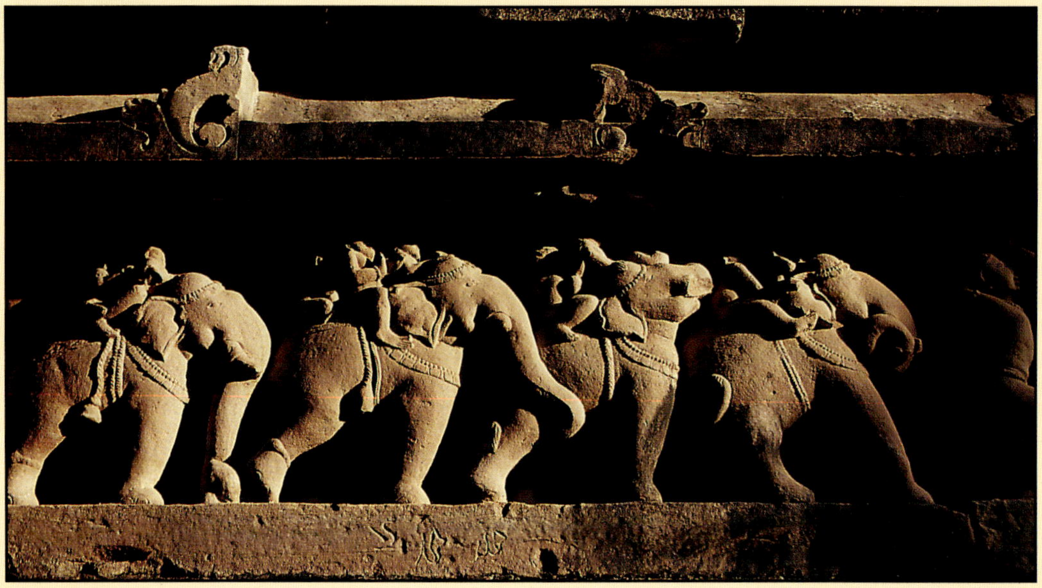

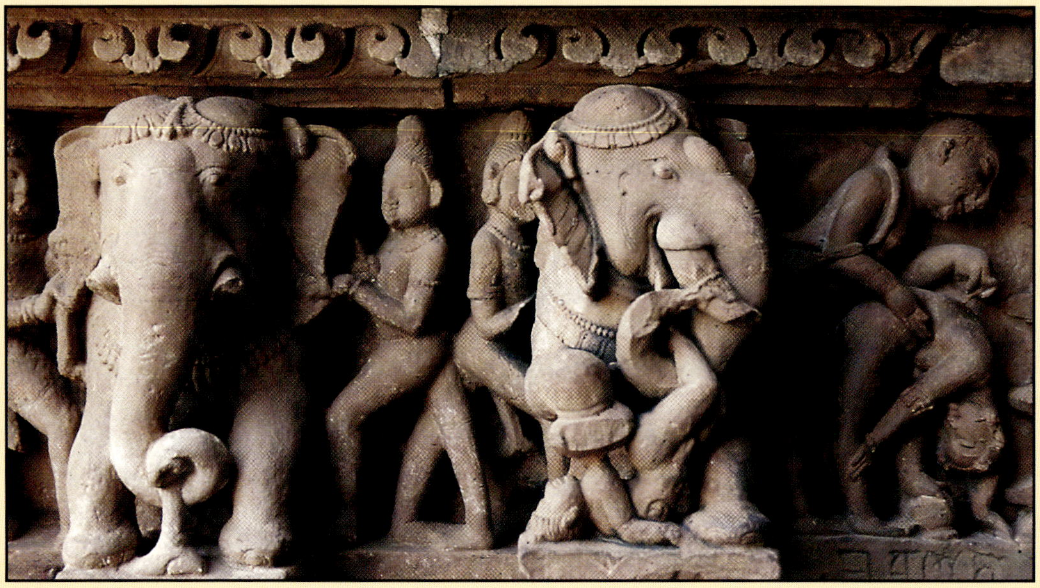

1. *Une scène de bataille de la plate-forme nord du temple de Lakshman qui dépeint l'emploi des éléphants dans les comabts. L'éléphant était un élément important de l'armée médiévale.*

2. *Dans cette frise, une très belle représentation en pierre des contours et mouvements des éléphants. L'artiste a su élever son art au rang du sublime en investissant les élephants d'un caractère bien distinct, particulièrement celui qui essaie de faire tomber l'éléphant devant lui.*

3. *A Khajuraho, l'éléphant est investi des qualités humaines attachantes; cette frise du mur*

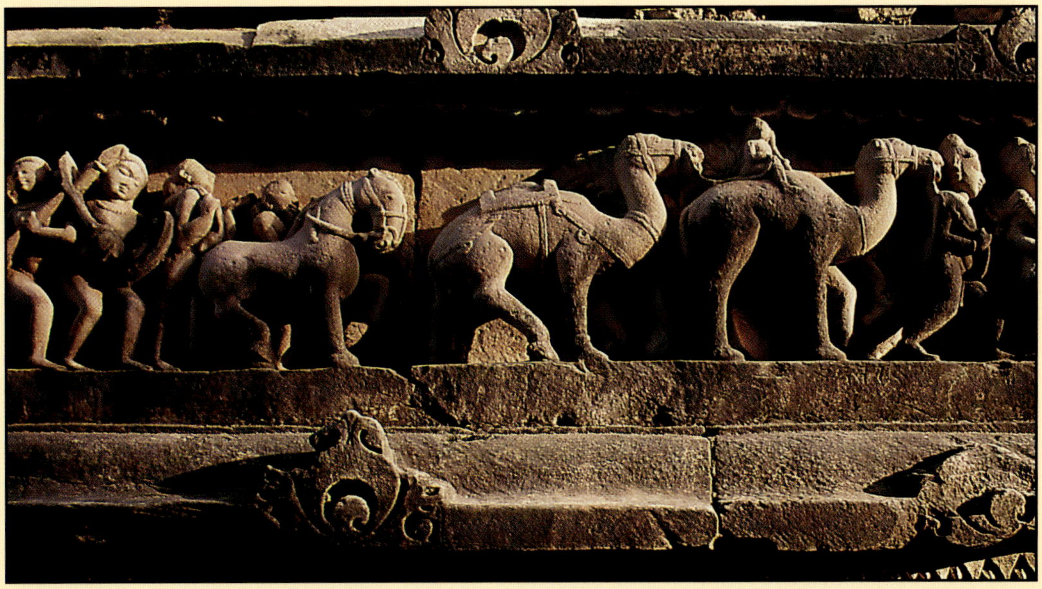

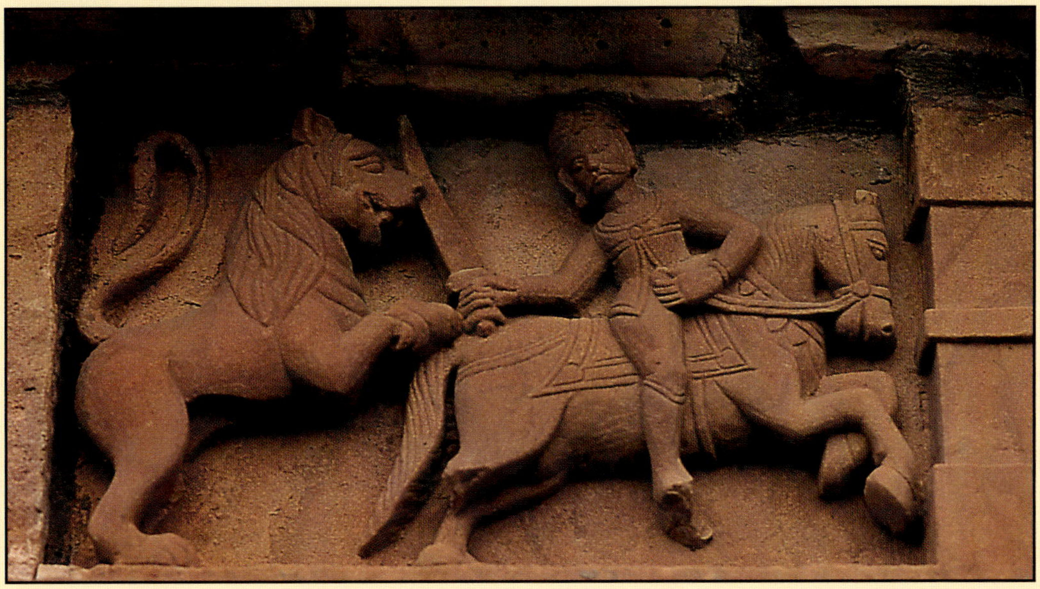

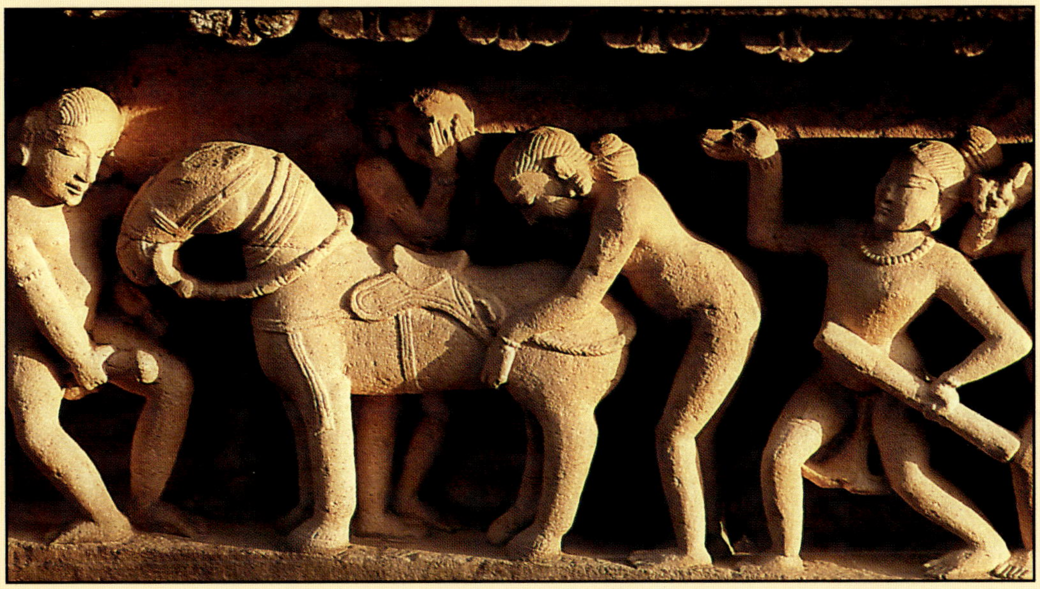

septentrional orienté vers l'ouest du temple de Lakshman montre un éléphant à côté d'un couple qui fait l'amour; il a le regard amusé comme si lui aussi, il partageait l'intimité du couple.

4. *Cette étude des chameaux du mur sud de la plate-forme du temple de Lakshman est d'un intérêt particulier, car il existe très peu de sculptures de chameaux à Khajuraho.*

5. *Une représentation charmante dans le temple de Kandariya Mahadev; un chasseur monté sur son cheval qui attaque un lion avec son épée. La représentation normale du lion figurait sur le monogramme chandela; mais c'était le lion qui attaquait le chasseur.*

6. *Cette frise d'un panneau qui orne la plate-forme sud du temple de Lakshman dépeint la passion bestiale de l'homme. Bien que le cheval fasse partie de l'armée des Chandelas - on peut le constater sur la plate-forme et les façades du temple - il est rarement traité de manière aussi détaillée que l'éléphant.*

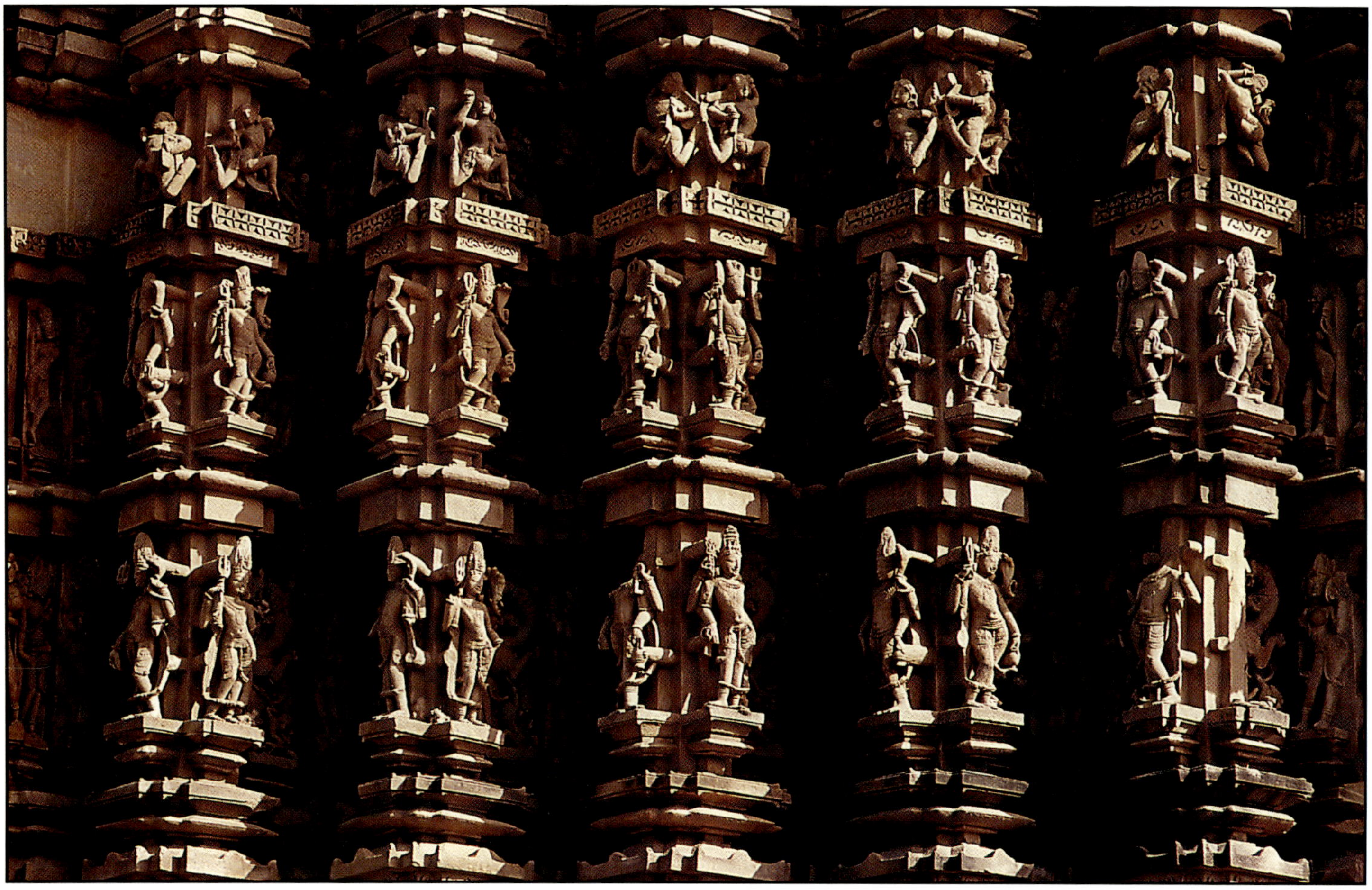

Le temple de Duladeo possède le plus grand nombre des représentations de Shiva. Ces bandes constituant la partie sud-ouest du temple dépeignent des gandharvas volants sur la partie supérieure alors que les bandes au milieu et en bas représentent les sculptures de Shiva sur sa monture, Vashu.

ailleurs, l'éléphant rieur regarde avec indulgence les exploits érotiques d'un couple.

Le cheval est traité avec pragmatisme; on n'a pas accordé la même attention aux détails, car les Chandelas n'étaient pas des guerriers équestres, bien qu'ils aient eu une cavalerie. Le cheval sert souvent d'exemple de bestialité, et pour dépeindre le *shardul*, la bête mythique dont la partie inférieure ressemble à celle du cheval. Les sculptures des chameaux sont rares.

Le singe est normalement relégué à l'arrière plan des bandes principales; on met en relief surtout ses espiègleries. On le voit tantôt tirant la robe d'une femme, tantôt jouant un mauvais tour à un couple amoureux. Le perroquet est normalement sculpté à côté de la représentation femme et enfant ou à côté de celle d'une femme portant des fruits. L'animal qui prédomine l'art sculptural est le lion; on le voit placé à part devant les temples sur les plates-formes précédant les sanctuaires auxiliaires. Le guerrier se battant avec le lion est une représentation qui apparaît en premier plan. Certains disent que c'est à l'image du premier roi Chandela qui eut la réputation de pouvoir tuer

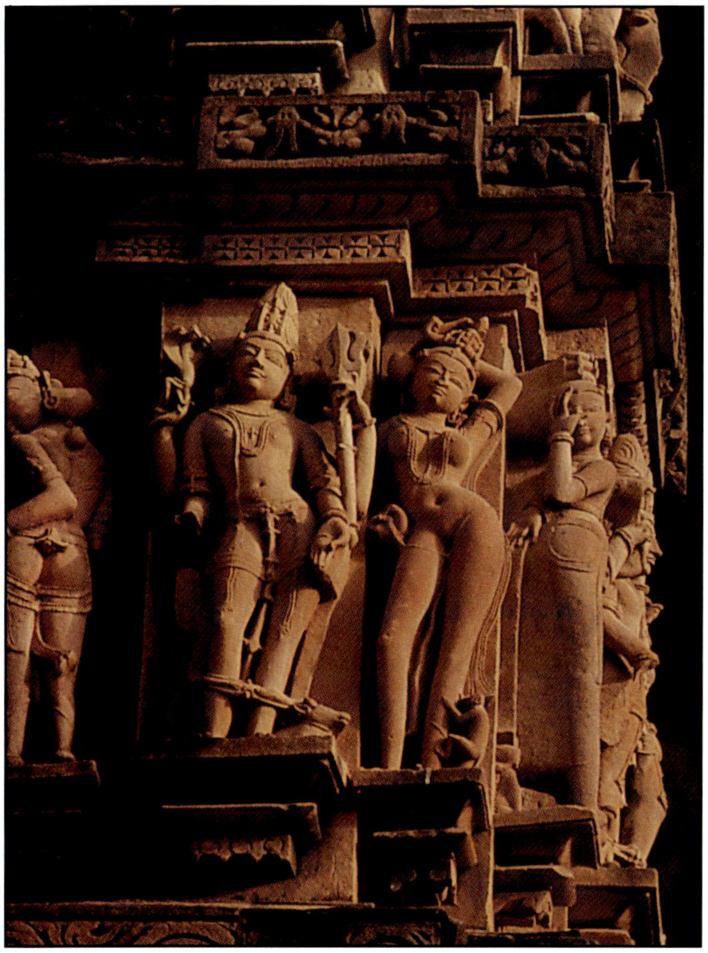

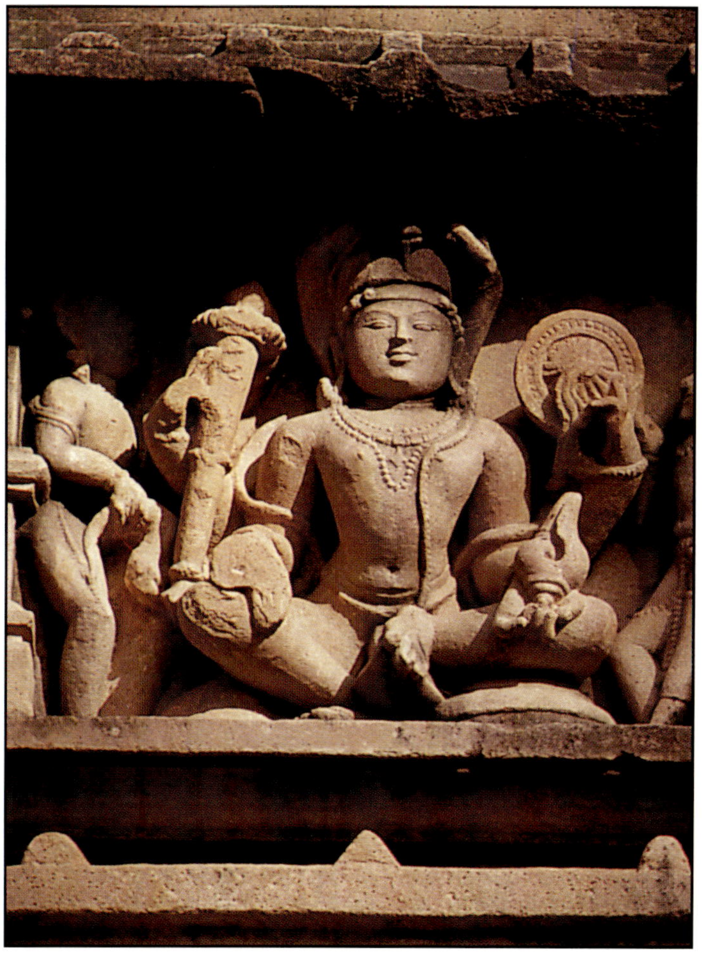

un lion à mains nues. Ce thème, répété souvent sans variations, est considéré comme étant le monogramme de la dynastie des Chandelas. Des natures mortes--arbres, fleurs et plantes--sont presque non-existantes; d'où on peut conclure que les artistes préférèrent laisser se déferler la comédie humaine sans insister sur le décor naturel pour mettre en relief les principaux personnages.

En haut, à gauche: *la bande inférieure orientée vers le nord du temple de Kandariya Mahadev nous montre une étude d'une apsara en déshabillé alors qu'un singe lui tire son sari. Le thème de la femme en déshabillé est très commun à Khajuraho.*

En haut, à droite: *une image de Vishnou encadrée dans un corbeau au sanctuaire auxiliaire à droite du temple de Lakshman.*

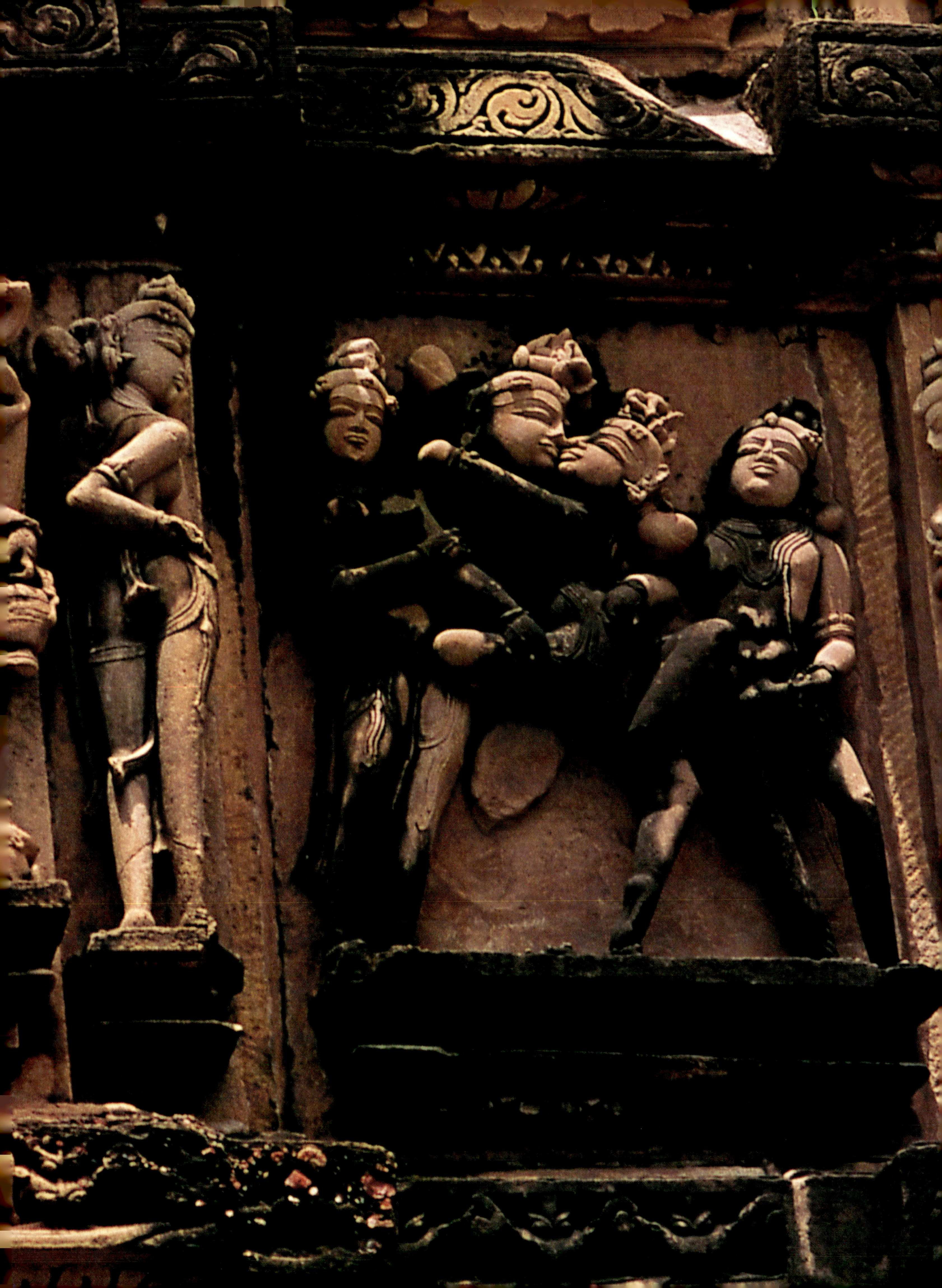

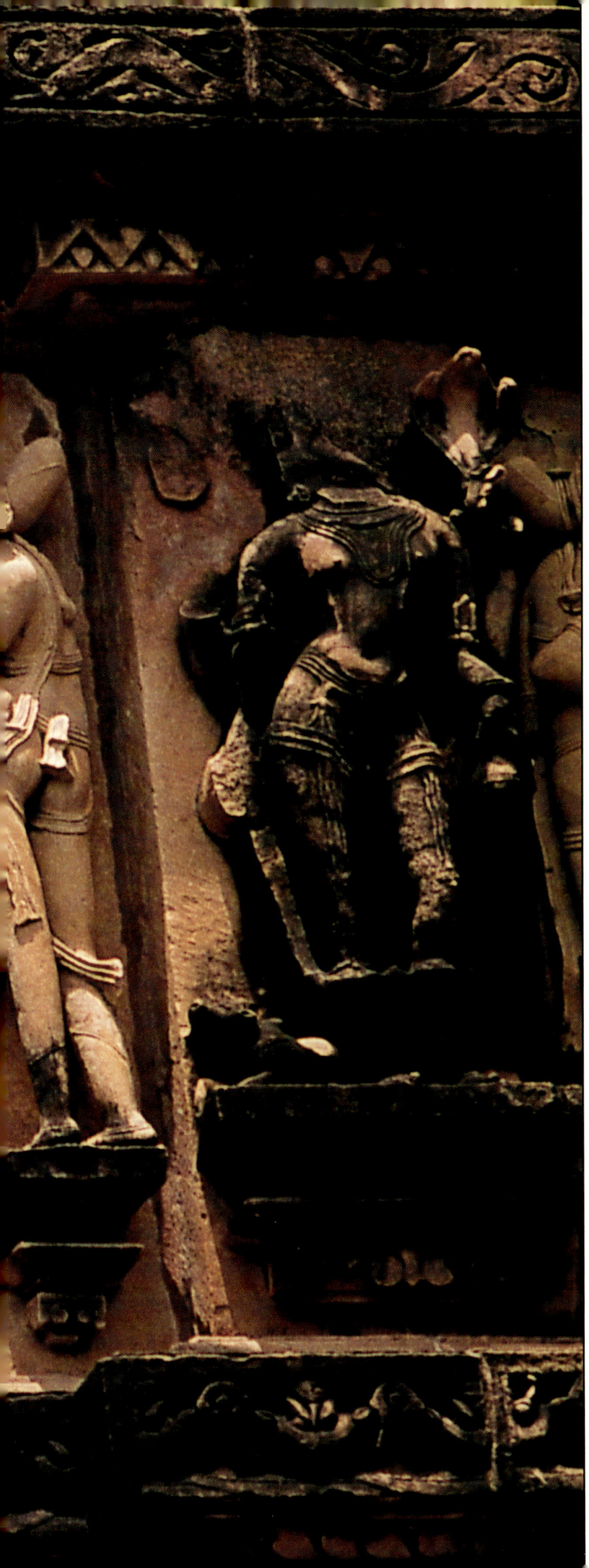

Pourquoi l'érotique?

L'abondance des sculptures érotiques à Khajuraho est éblouissante. Cet érotisme est-il le reflet d'une société décandente? Est-il un élément de la pédagogie sexuelle? Ou est-ce la voie qui permet à l'homme de sortir du bestial pour atteindre le sublime? S'agit-il d'une tentative de la mythique Hemvati de chercher son salut? Ou s'agit-il d'un moyen de se protéger contre les démons? Au cas où la réponse à la dernière question serait oui, il est certain que les sculptures érotiques ont réussi à garder intacte le patrimoine de ces temples, vieux de mille ans, malgré leur isolement pendant des siècles. Ces sculptures font partie des bandes au centre et en haut orientées vers le nord du temple de Vishvanath.

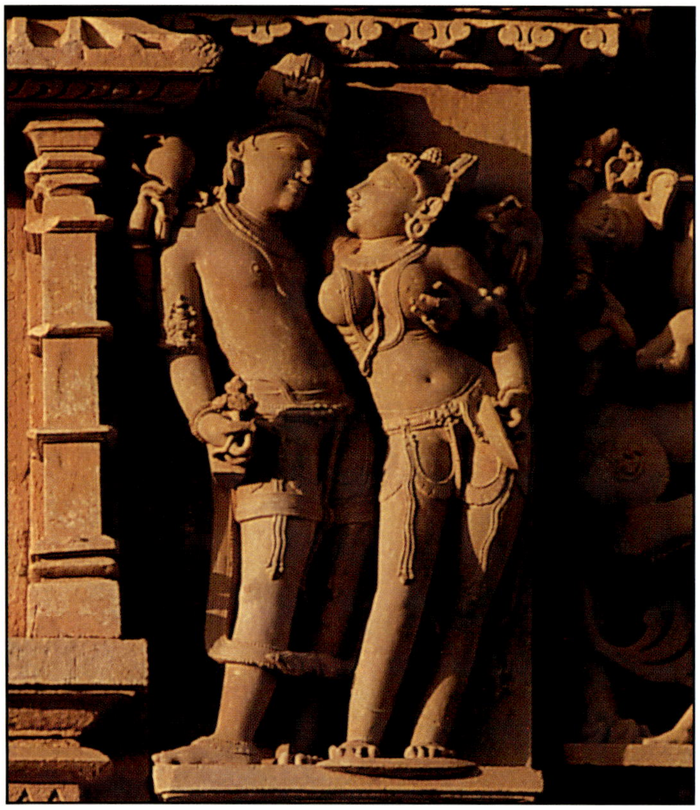

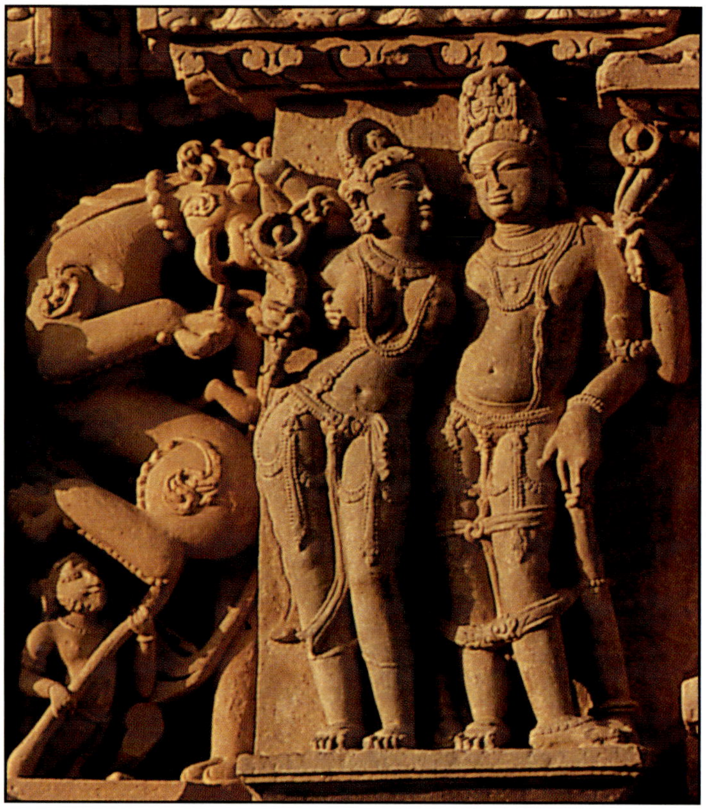

En haut: *les sculptures de Lakshmi-Narayan (Vishnou avec son épouse Lakshmi) suggèrent la bienveillance et la générosité de l'esprit. Ces images font partie des bandes inférieures orientées vers le sud du temple de Parsvanath.*

SI L'EROTISME DES SCULPTURES DE KHAJURAHO invite des commentaires, c'est à juste titre. Aucune autre collection d'art médiéval n'utilise le corps comme métaphore avec tant de volupté. D'une incroyable franchise, si la qualité érotique de Khajuraho est perturbante, elle assainit en même temps. Ici, l'amour reçoit la bénédiction des dieux; il s'agit d'un amour sans culpabilité ni complexes qui ne connaît que le langage du plaisir.

L'acte sexuel ne constitue qu'une partie de l'art sculptural de Khajuraho; par exemple, les temples jaïns ou de Vishnou sont dépourvus d'éléments érotiques ou presque alors que les scènes qu'on voit dans les temples de Shiva représentent la vie quotidienne comme une union sexuelle. Mais c'est dans la conception du corps humain que l'érotique prédomine. La forme féminine se voit partout, la gorge ample, les rondeurs généreuses, les poses sinueuses, chaque geste capté en pierre jusqu'au moindres détails. Les hommes font la guerre ou palabrent - ils sont là pour compléter le couple; dépeints dans toute leur faiblesse - bedains flasques, lascifs, enclins au repos, prêts à guetter, ils font valoir la forme féminine plus énergique;

celle-ci travaillée de mille façons pour refléter toutes les humeurs est néanmons entourée d'une mystique que les hommes n'arrivent pas à comprendre dans sa totalité.

La majorité des visiteurs sont étonnés lorsqu'il découvrent que les scènes érotiques célèbres ne constituent qu'une infime partie de la richesse sculpturale de Khajuraho. Cependant, lorsqu'on se souvient de Khajuraho, c'est toujours le facteur érotique qui reste associé aux temples. Est-ce le reflet de la déchéance d'une société ou explique-t-il la philosophie profonde de celui qui a des lumières?

Divers personnages à divers époques ont essayé de trouver la réponse - parmi eux, des chercheurs comme Mulk Raj Anand, Vidya Prakash et Kanwarlal, et des guides et gourous de toutes tendances confondues. L'explication la plus simple est celle de la légende de Hemvati, celle qui a eu une rencontre courte mais intense avec le dieu-lune; cette rencontre qui n'a eté pardonnée que par la célébration du rite *bhandya-yagya* par son fils-empereur. Le rite du *yagya* nécessitait la représentation des figures et images érotiques (*bhandya-chitra*), l'aveu de la culpabilité et la leçon de morale. N'est-il pas possible qu'une fois la culpabilité de Hemvati pardonnée, les rois de la dynastie aient recours aux mêmes images dans les temples tant pour les rappeler leurs origines que pour plaire aux dieux?

Les gravures des couples qui font l'amour - *mithuns* - se trouvent partout dans les temples, puisque les *shastras* (canons) indiens les considèrent comme symbole propice pour se protéger contre le mal et pour immuniser les édifices contre la destruction. Les sculptures, motifs et symboles *mithuns* sont représentés en Inde pendant plus de deux mille ans du deuxième siècle avant Jésus Christ au dix-septième siècle de notre ère. Certains chercheurs sont de l'avis que l'artiste à Khajuraho ne fit que suivre la tradition du pays, sculptant des *mithuns* automatiquement. Si cela est le cas, il fit son travail avec abandon en prenant beaucoup de liberté, car les *mithuns* sont vraiment nombreux. Toutefois, cette explication ne répond pas à la question:

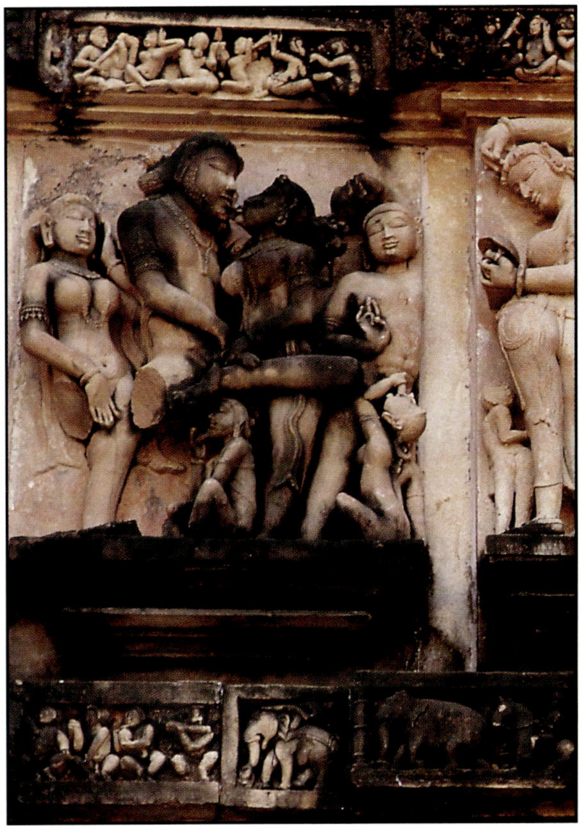

Ce panneau du mur nord du temple de Lakshman foisonne de sculptures remarquables. Parmi celles-ci, ce couple avec des serviteurs qui fournissent la stimulation érotique. Alors que les figures des panneaux horizontaux sont disposées sans se soucier d'un ordre quelconque, sur le plan vertical on voit l'ascension des sujets - des batailles et des scènes de la vie quotidienne, on procède vers les créatures célestes avec les images des divinités en apogée.

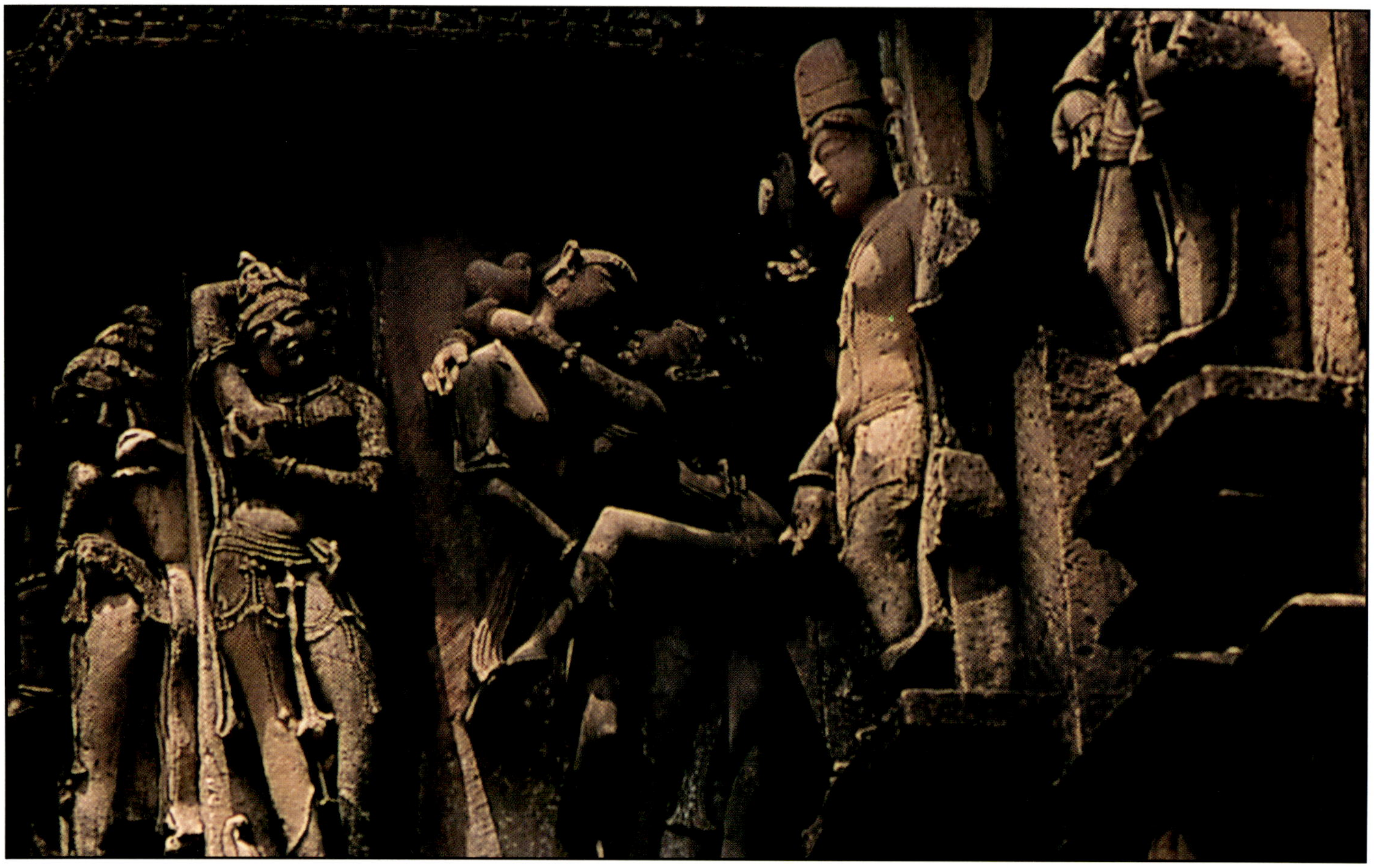

En haut: *l'abandon des gestes corporels avec la tranquillité des expressions, c'est cela qui caractérise ce couple qui se regarde avec tendresse alors qu'ils font l'amour.*

Ci-contre: *l'apsara enlève ses sous-vêtements; le scorpion posé sur sa cuisse symbolise la passion. Les détails de son abdomen méritent une attention particulière, notamment les rides de son pubis; puisque les seins sont fermes, il est évident qu'il ne s'agit pas d'une vieille. Les rides sont peut-être l'effet d'un accouchement. Cette sculpture se trouve sur la bande inférieure orientée vers le nord (la sculpture est orientée vers l'est) du temple de Jagdamba Devi.*

pourquoi la femme représentée avec tant de sensualité est-elle le point focal des temples?

Il est possible que l'érotisme est une réaction contre le stigmate associé à la sexualité qui trouve son expression sur les murs du temple. N'est-ce pas une tentative de rectifier la pensée erronée des hommes de religion y compris le Bouddha lui-même qui choisit d'oublier cette composante essentielle de l'être. Le Bouddha dans sa sagesse souhaitait bannir la femme, l'amour, la sexualité et la beauté de la vie de l'homme. Par conséquent, on a basculé à l'autre extrémité, si l'on suit l'évolution des différents sectes hindouistes et bouddhistes de l'époque de Khajuraho; non seulement en Inde mais aussi au Népal, au Tibet et en Chine entre autres, les plaisirs qu'accordaient la pensée et la philosophie hindoues pendant des siècles, bannis par le Bouddha, ont retrouvé leur vitalité. Adieu la frugalité et l'abstinence; à leur place, on favorisait l'expression du moi et la sensualité fut acceptée par la religion. Et que de mieux que la femme, l'amour et le plaisir dans les temples pour proclamer ce retour à la jouissance?

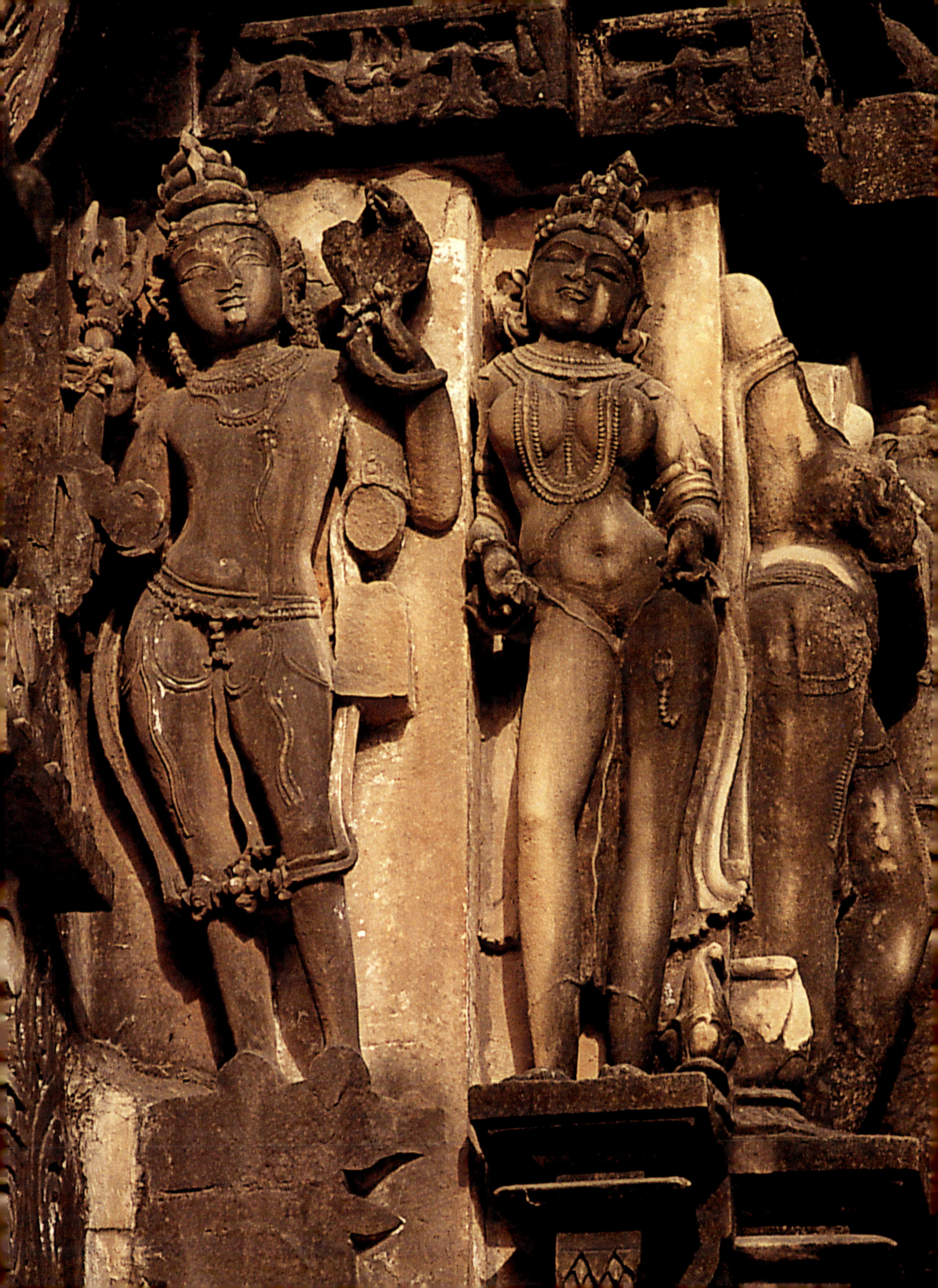

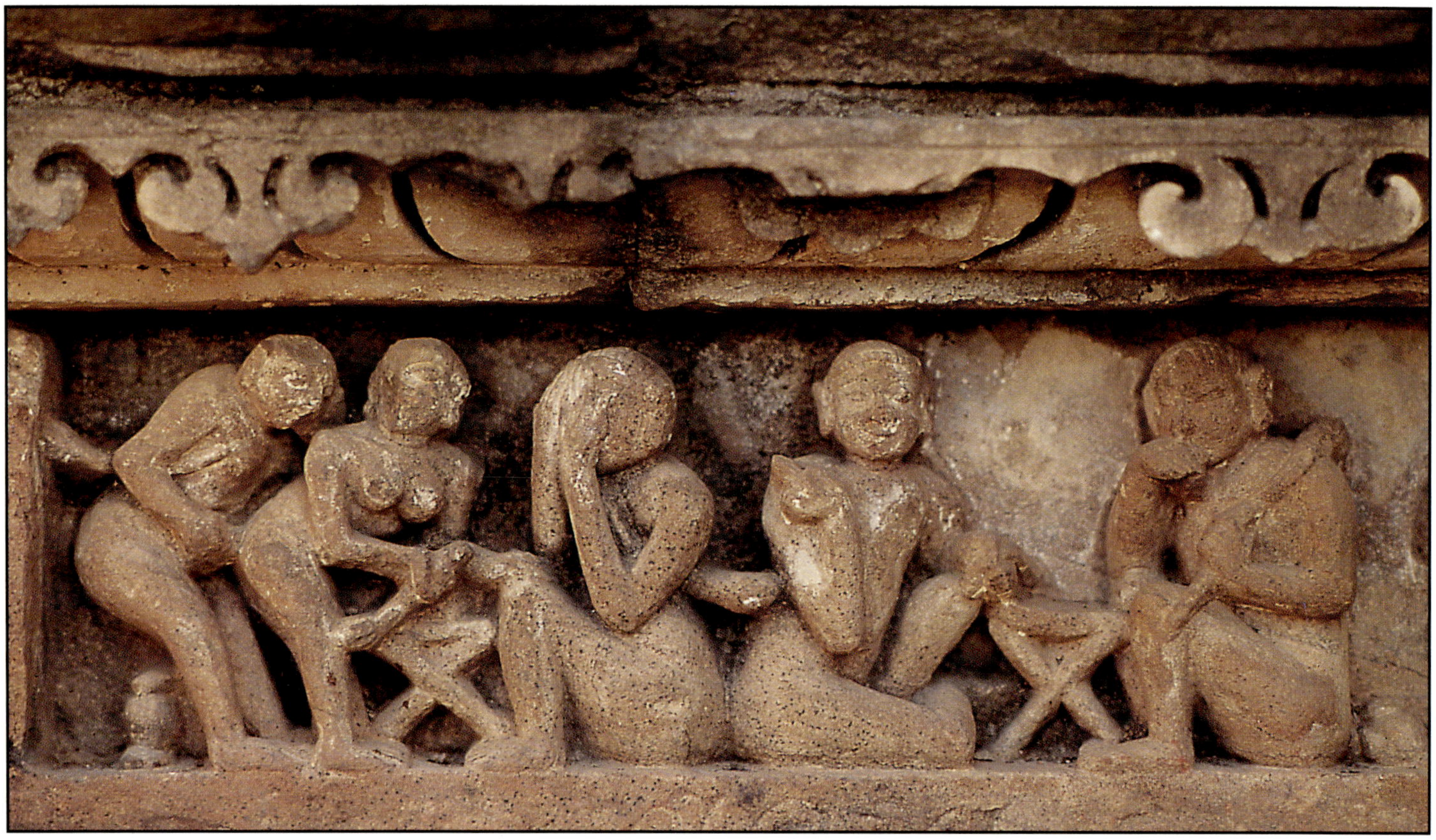

Une leçon de sexualité? Ce panneau d'une bande inférieure orientée vers le sud du temple de Vishvanath est disposé en-dessous des sculptures plus grandes. On a l'impression que le maître enseigne la théorie de la sexualité en se référant à un livre devant lui. L'un des élèves a un accès de pudeur, car à côté il y a une démonstration pratique de l'acte sexuel qui se déroule en même temps.

Les temples de Khajuraho ainsi que ceux construits à la même époque au Gujarat, au Rajasthan et en Orissa reflètent les mêmes préoccupations sociales et philosophiques. Pour l'homme, la vie a toujours été un choix entre les plaisirs de la chair et le renoncement de la chair pour l'esprit. Mais à des moments rares de notre histoire, celui a été le cas de l'âge d'or des Chandelas, les hommes ont su concilier le physique et le spirituel, prouvant ainsi que le combat entre l'esprit et la matière n'est pas nécessaire. La jouissance des plaisirs de l'*arth* (richesse matérielle) et du *kama* (plaisirs sensuels) tout en acceptant son *dharma* (devoir) fut admise comme normale pour le *gribasth* (chef de famille). Pour vivre pleinement, il fallait passer par tous ces stades-là avant d'emprunter la voie du détachement de sorte qu'une fois arrivé au stade de *moksha* (libération), l'homme pouvait renoncer sans hésitation ni regrets. La structure des temples est conçue également de cette manière. Le *ardh-mandap* est l'allégorie du *dharma*, le *mandap* celle de *l'arth* et *l'antaral* celle du *kama* (cette partie contient le plus grand nombre de sculptures érotiques); le *garbh-griha* signifie le *moksha*.

Durant l'époque ancienne et médievale de l'histoire indienne, l'enseignement restait dans les mains de Brahmanes ou prêtres qui dispensaient leurs cours dans l'enceinte des temples; ils n'hésitaient pas d'inclure dans leur enseignement des cours d'amour, en s'appuyant sur de nombreux traités savants à ce sujet. Donc, le lieu le plus important d'assemblée et d'enseignement, le temple, devint une vértitable mine d'érudition ayant un idiome propre: ses murs étaient porteurs des leçons de philosophie, de religion, de mythologie, de bonne conduite, de sociologie, de la sexualité, de l'hygiène et de la moralité. Sur cette toile de fond, les sculptures *mithuns* ne sont qu'un petit chapitre du livre de la vie. Elles permettent à l'élève de connaître la sensualité, étape nécessaire pour pouvoir enfin atteindre le *moksha* à la fin de sa vie. Ainsi, les sculptures érotiques figurent principalement sur les murs extérieurs; elles ne se trouvent à l'intérieur que sur le déambulatoire, le chemin autour du sanctuaire--un test ultime de sa résolution.

La copulation saine ouvre les portes à la jouissance terrestre; cela se voit dans l'expression de béatitude des amants; les rapports sexuels avec les fauves, par contre, mènent tout droit à l'enfer. Un regard suffit pour constater la bestialité dans les yeux de ceux qui vont contre la nature. La juxtaposition des deux - connaissances inférieures/connaissances supérieures-- met en valeur le caractère pédagogique des temples.

Le yoga est une des plus anciennes disciplines de l'Inde, et l'érotique des temples est considérée comme une démonstration d'exercice réunissant l'expression sexuelle et le yoga. D'après les croyances yogiques, ce qui pourrait causer la destruction entre les mains de l'ignorant peut être transformé en bien sublime entre les mains du sage. Cela vaut aussi pour la lascivité que le yoga transforme en lumière et énergie.

Les pragmatistes attirent l'attention au fait que le temple sert de centre socio-religieux de la collectivité. Un grand nombre de pèlerins y affluent, remplissant ainsi les coffres de l'état. Les gravures *mithuns* tout comme les *devdasis* (danseuses du temple) représentaient un moyen d'attirer des dévots. En même temps, à cause de la concurrence religieuse, elles servaient d'allégorie religieuse; l'art érotique était une stratégie de défense: voyeurs et cyniques qui venaient

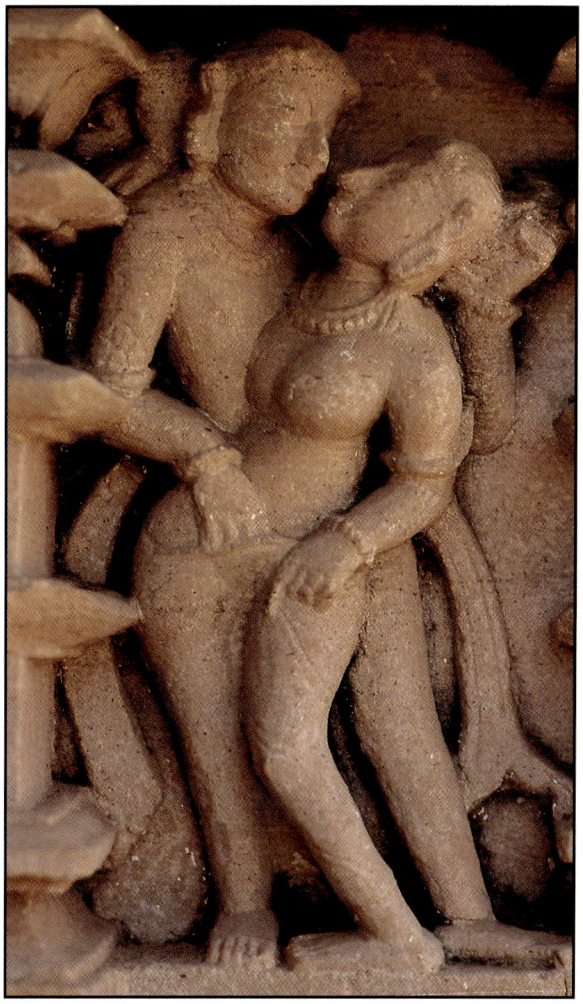

En haut: *ces figures agencées entre les éléphants d'une frise du temple de Lakshman représentent le début d'un amour. Les doigts de l'homme glissent sous les vêtements de la femme pour stimuler l'énergie en elle qui atteindra son apogée dans l'acte sexuel ou la fusion de l'énergie.*

Au verso: Deux bandes de sculptures du parois sud du temple de Lakshman. En bas, couple érotique; à côté on voit les serviteurs qui s'autostimulent.

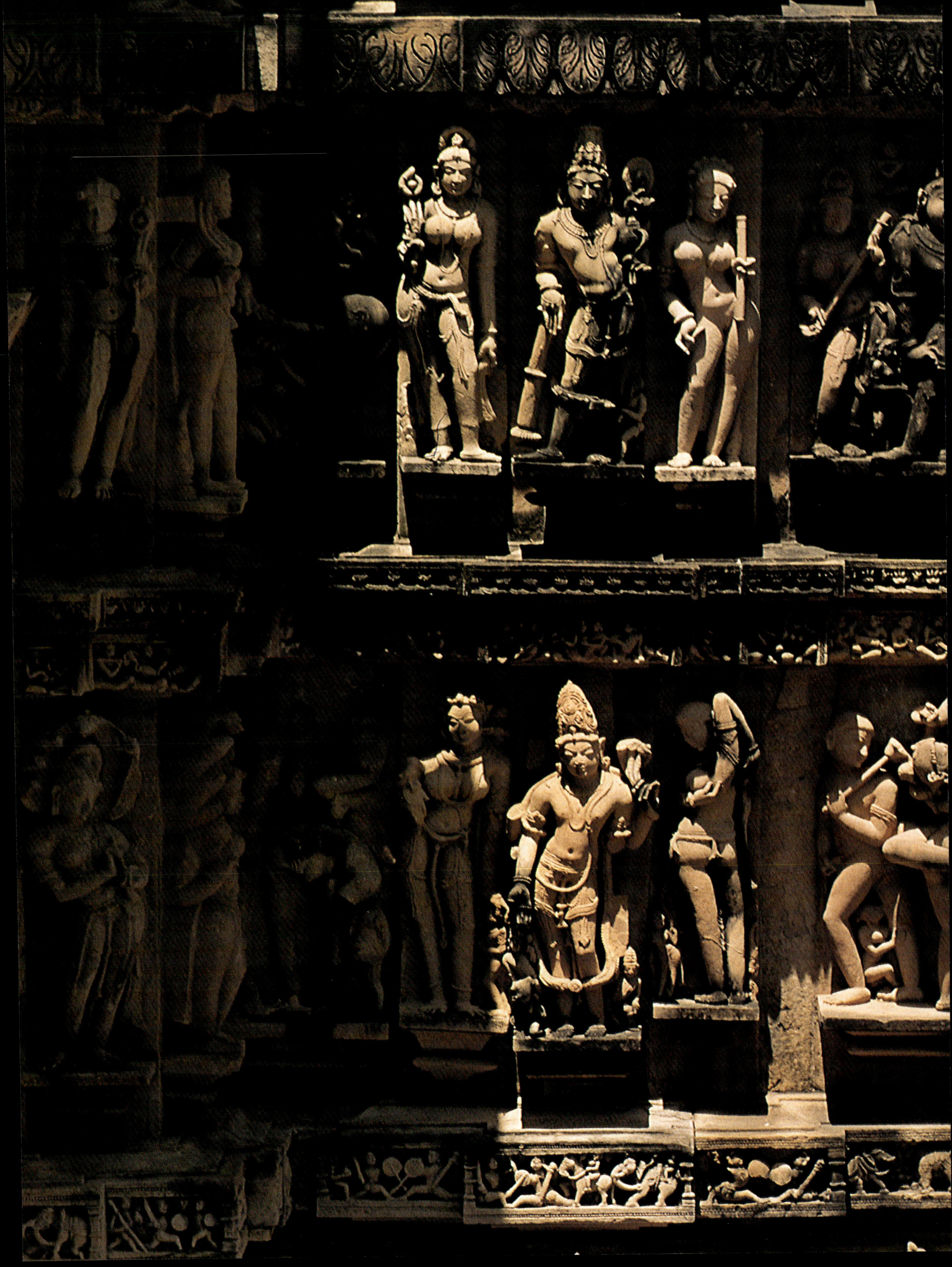

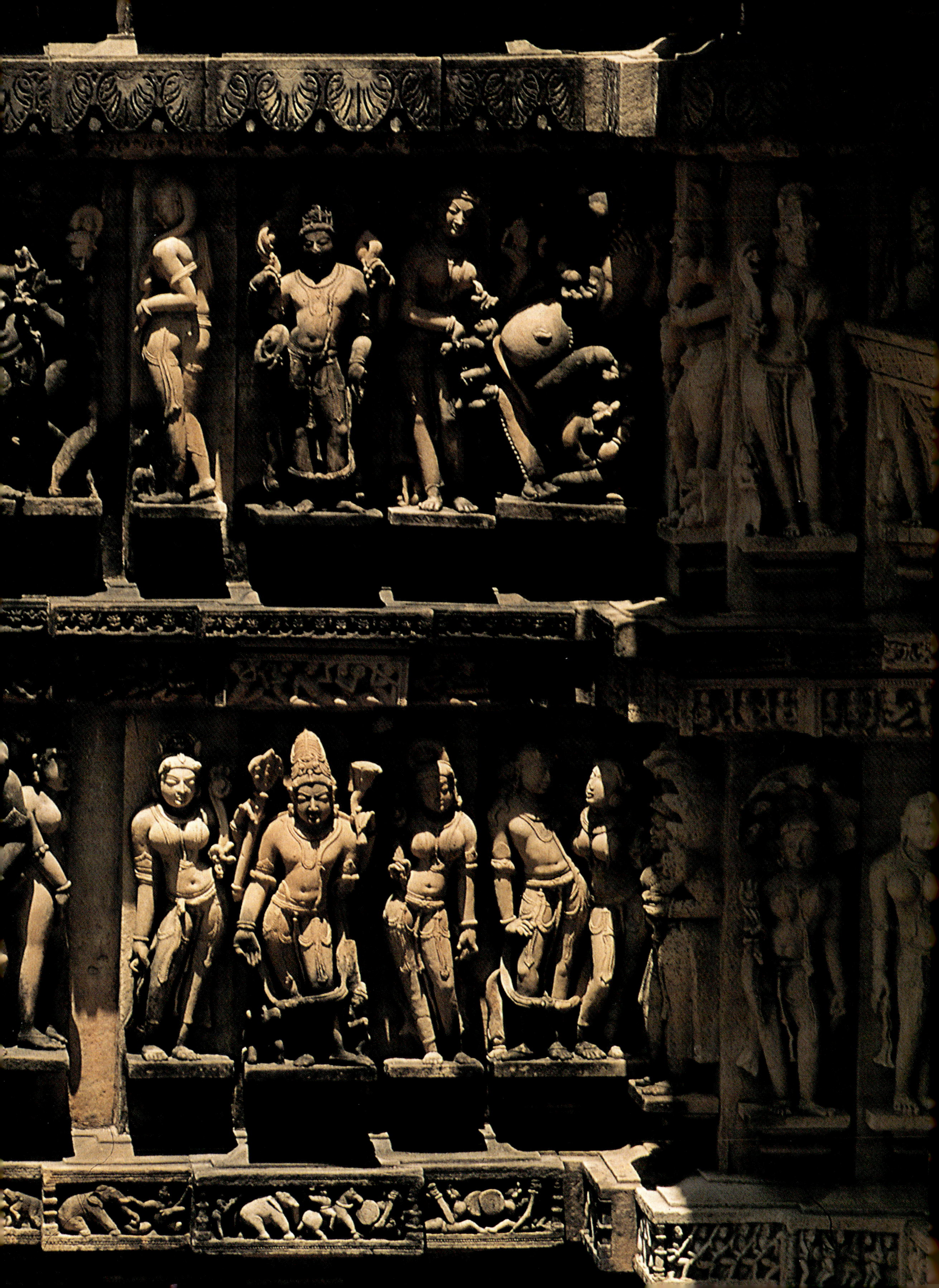

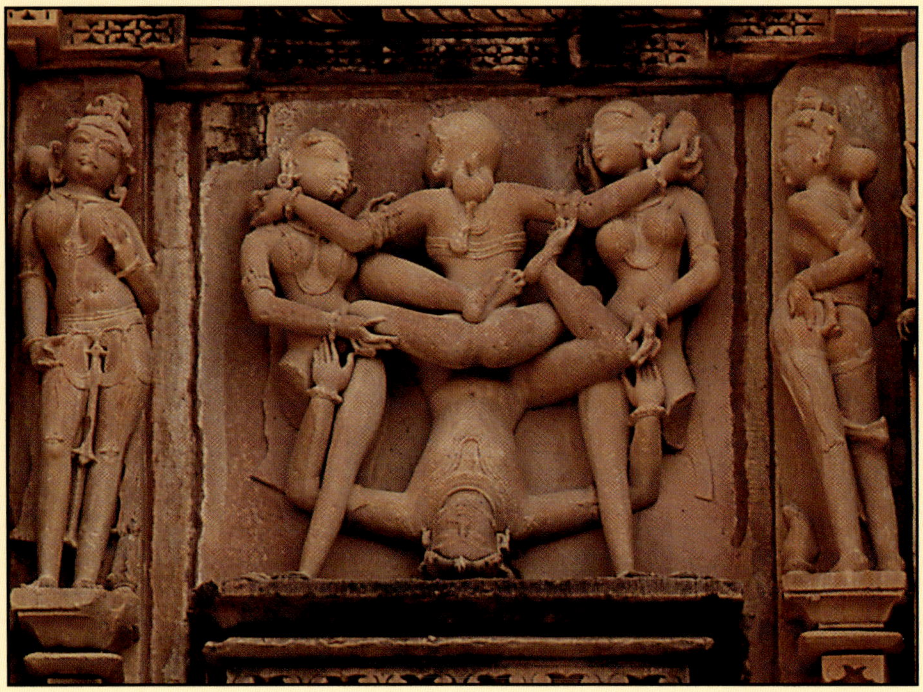

Cette scène du congrès érotique est typique du tantrisme, les formes mâle et femelle alignées aux pôles nord et sud; l'union s'accomplit grâce à l'aide des serviteuses dans une parfaite concentration de conscience et d'énergie.

Tantrisme

LE TANTRISME COMME PHILOSOPHIE hindoue attirait un grand nombre de disciples du 8e au 14e siècle. Il atteignit son apogée à l'époque médiévale. Un système religieux fondé sur la pensée hindoue, le tantrisme était un ensemble de rites extrêmement compliqués qui promettait la voie la plus courte au *moksha* ou à la libération du cycle de réincarnations.

Réduit à son expression la plus simple, le tantrisme, tout comme l'hindouisme, postule que l'univers est soumis au triple processus de création, de préservation et de transformation. La conscience et l'énergie constituent le pivot du système; la conscience étant conçue comme principe mâle et l'énergie comme étant le principe femelle. L'union des deux constitue la base de la création, la préservation et la transformation car la nature n'est jamais statique mais en état de flux permanent.

Dans le monde des humains, les rapports sexuels représentent en quelque sorte le lien entre les forces négatives et positives de la création et servent à faire le pont avec l'univers naturel. Cette théorie fut généralement admise à l'époque médiévale; la noblesse en pratiquait le culte et les temples y ajoutaient un élément de support. Pour la première fois donc, les images érotiques furent étalées en abondance sur les façades des temples.

La fusion complète des principes de la conscience et de l'énergie est reflétée dans les sculptures érotiques où les deux partenaires du couple paraissent appartenir l'un à l'autre dans une cohésion totale, les yeux de l'homme en état de transe, ce qui indique que l'être est en harmonie avec l'Absolu.

Les temples eux-mêmes par leurs fluidité et images changeantes selon les moments de la journée étayent la théorie du tantrisme tel qu'il a été pratiqué à Khajuraho. Certains sont d'avis que la conception géométrique des temples représente le réveil des forces d'énergie. Le terme tantra lui-même prend racine dans le mot sanskrit pour le corps et sous-tend le sentiment que le cosmos est à l'intérieur du corps; ce qui veut dire que l'ensemble de l'énergie présente dans la nature en sa forme la plus concentrée se trouve à l'intérieur du corps; c'est ainsi que le chemin le plus court au salut passe par le corps. Un exemple parfait des rapports tantriques est la pose sexuelle qu'on trouve sur la façade du temple de Kandariya Mahadev, le mâle qui fait le poirier, la femme montée sur lui, les corps parfaitement alignés - pôle nord et pôle sud -, la fusion des énergies cosmiques accomplie.

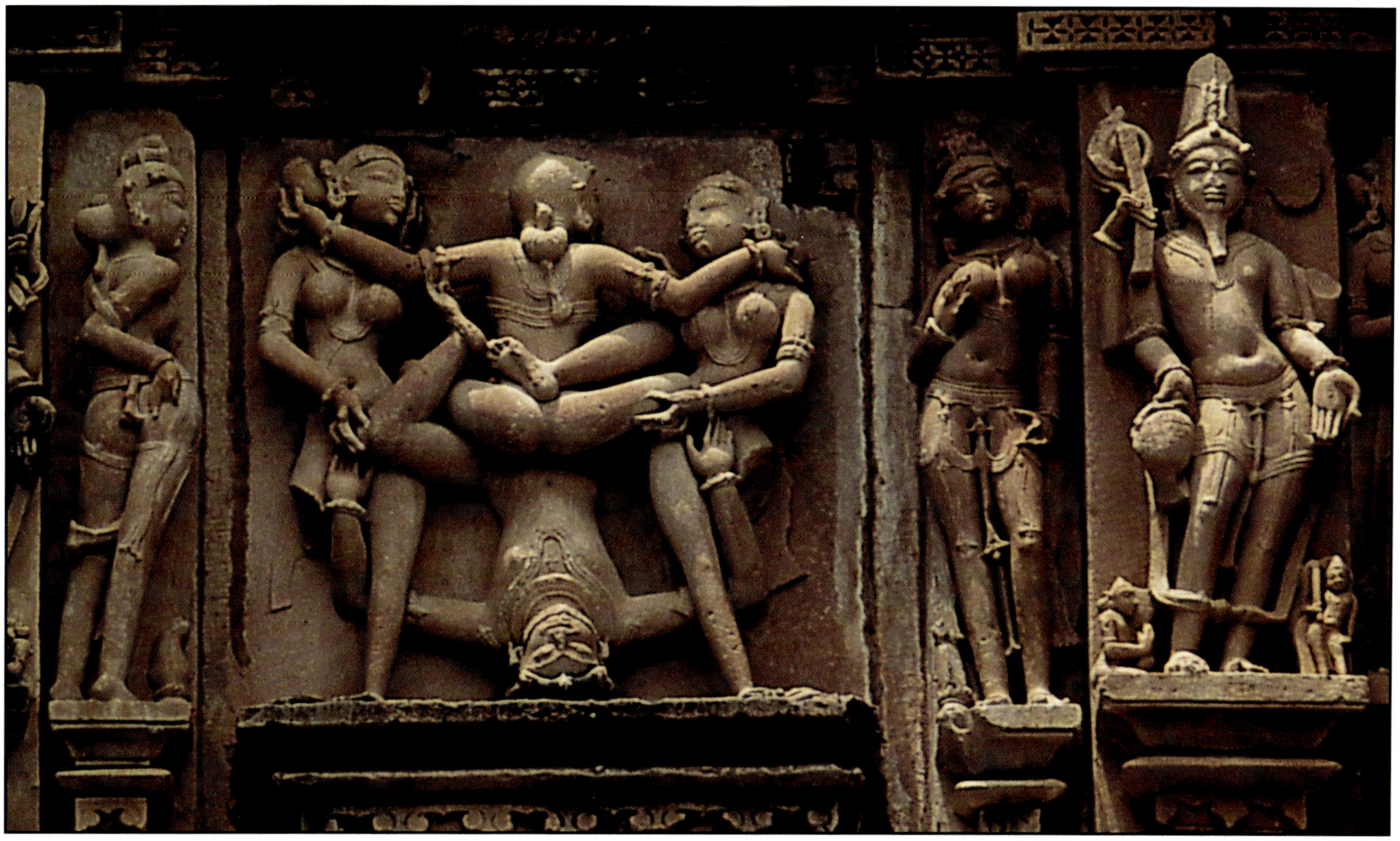

mépriser restaient en prière muette. Cette théorie n'est pas aussi simpliste qu'elle apparaît lorsqu'on s'aperçoit que mille ans plus tard les cyniques quittent les lieux enrichis et éclairés.

Certains observateurs suggèrent que les sculptures érotiques illustrent les pratiques et rites des sectes religieux relativement obscurs - tantrique, shakt, kaul et kapalik - où l'union sexuelle était l'une des parties essentielles du culte cérémonial. Y vivaient aussi de nombreuses tribus et l'influence des cultes de fécondité n'est pas à exclure.

Enfin, il y a les interprétations des philosophies anciennes et profondes qui trouvent leur expression sur les murs des temples. Selon l'histoire hindoue de la création, l'*adidev* (divinité des origines) n'était ni homme ni femme. Ecrasée par sa solitude, elle s'est divisée en deux - *purush* (homme) et *nari* (femme) pour que les deux puissent se compléter. Le couple est vu comme le symbole de cette dualité de dieu et de la nature, des oppositions telles lumière/ténèbres, même *atma* (âme)/*parmatma* (divin). Leur union signifie l'unité profonde de l'univers.

Sculpter la religion et la philosophie sur les murs des

Il s'agit d'une pose érotique typique de Khajuraho, bande supérieure du mur nord du temple de Vishvanath. C'est une pose yogique - le sheerasna - la femme faisant le poirier. Deux serviteuses aident le couple, les doigts de la femme caressant les parties génitales d'une des serviteuses. A la rigueur, c'est une pose imaginaire. Les représentations mithuns de cette nature s'inspirent partiellement du tantrisme de l'époque, l'union sexuelle considérée comme étant un raccourci pour atteindre le moksha.

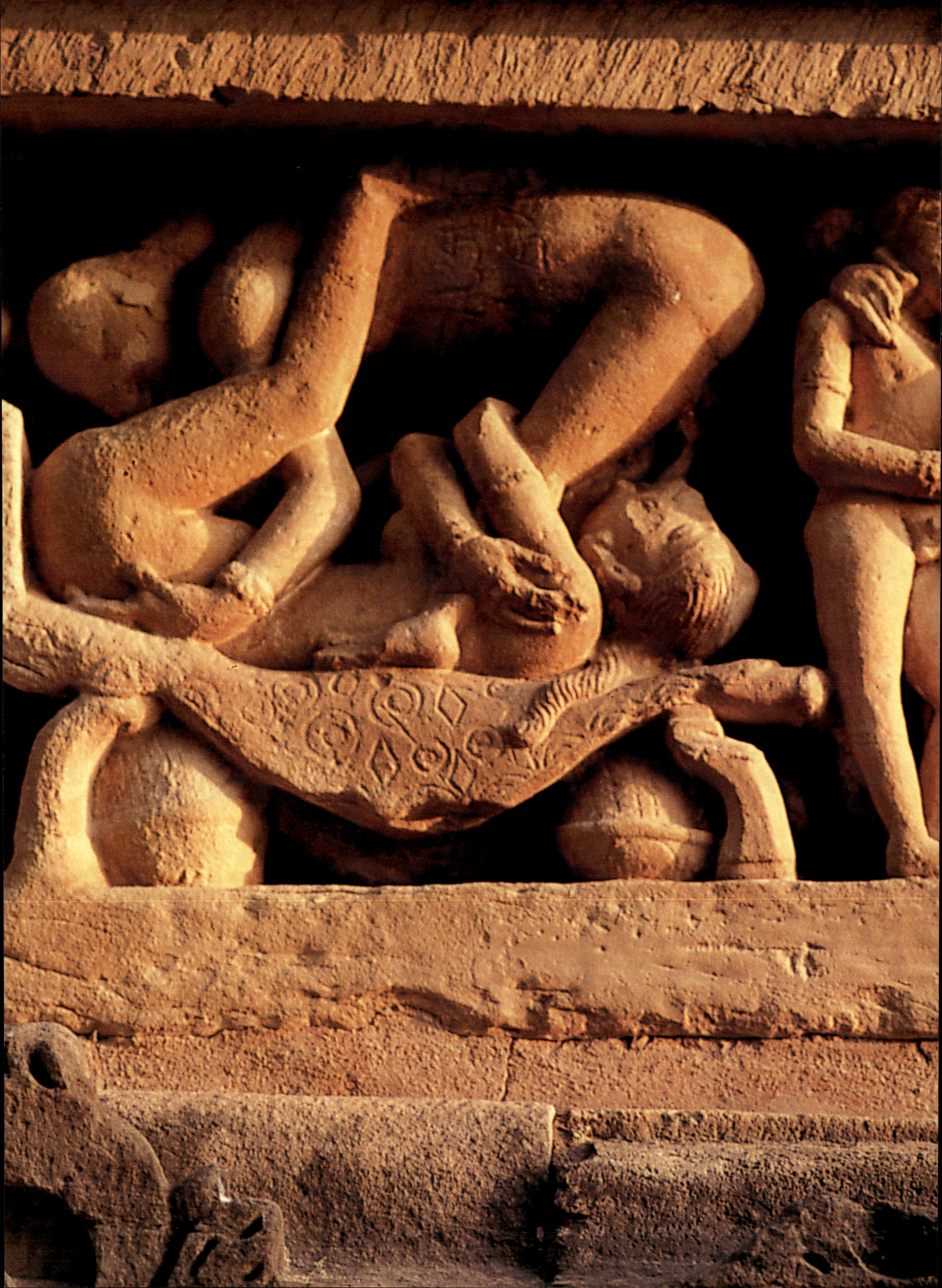

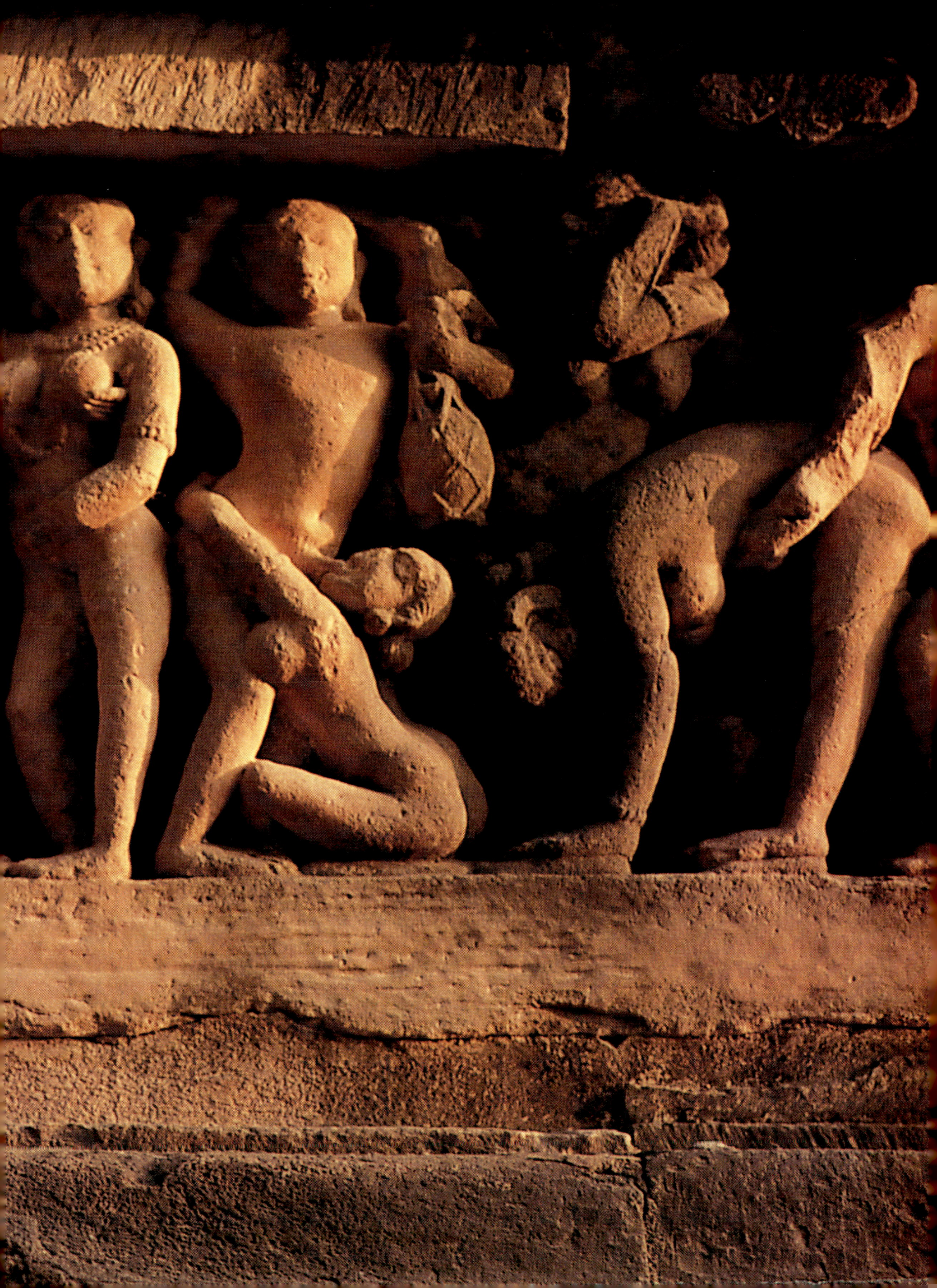

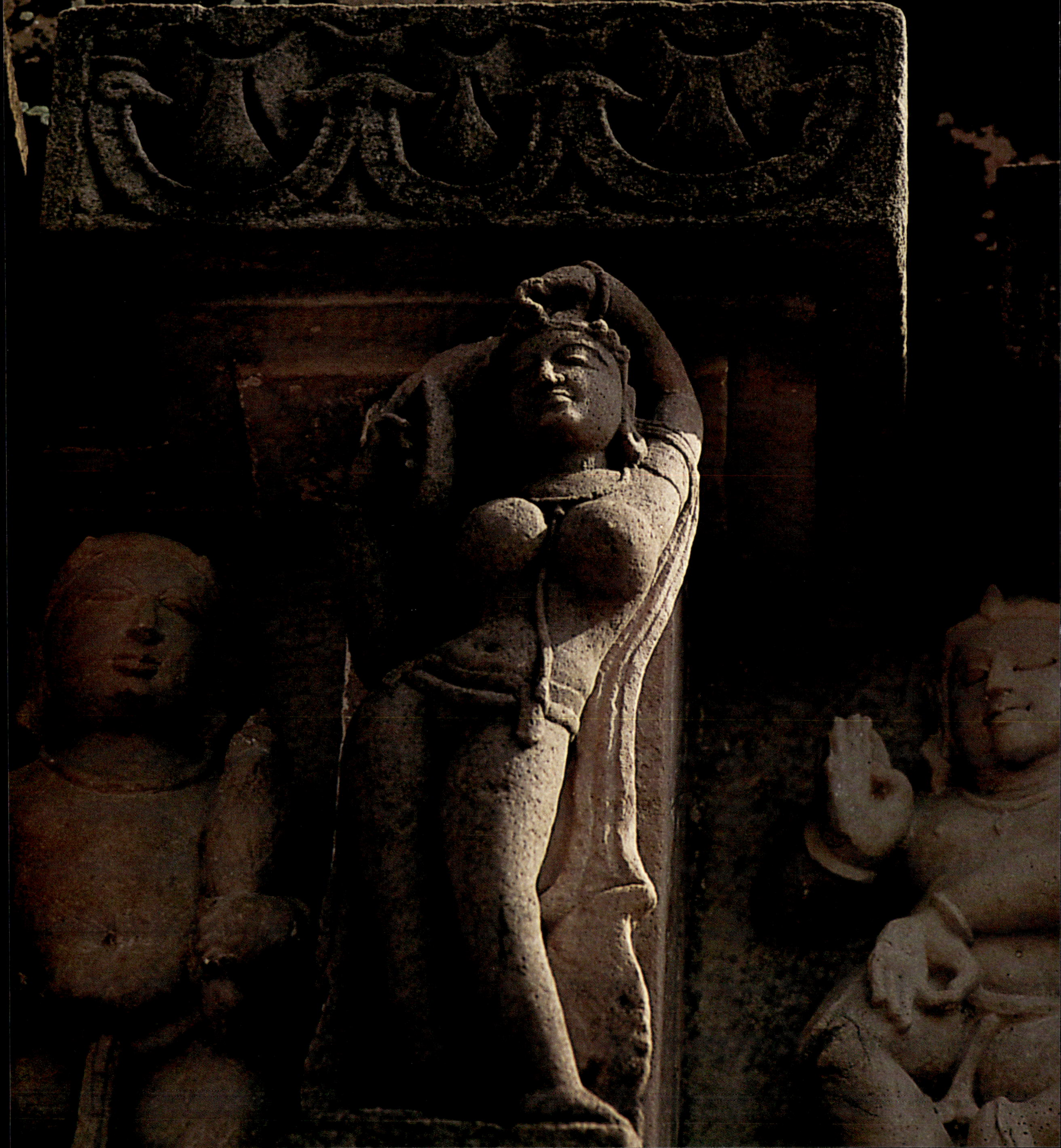

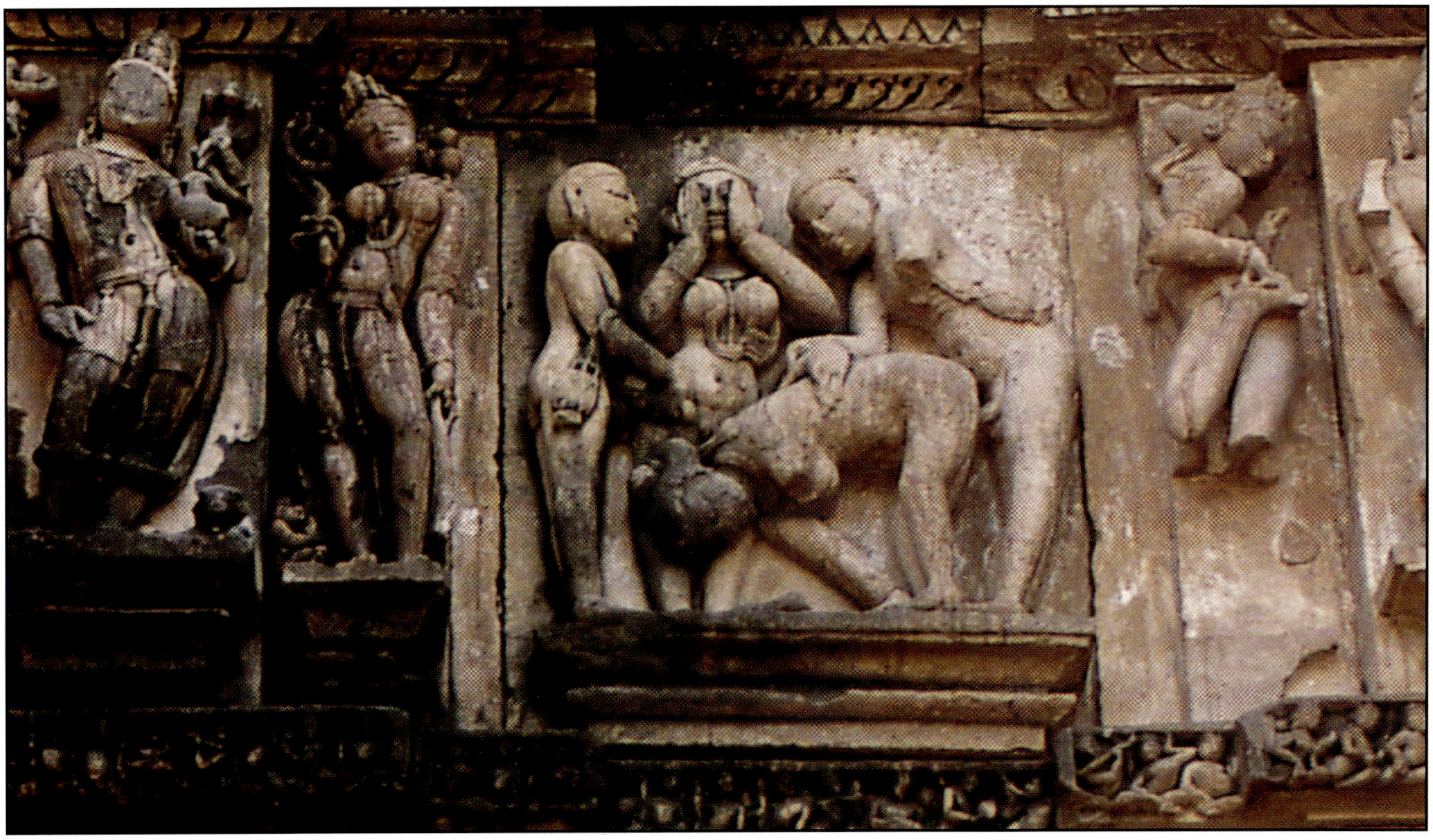

temples avec tant d'harmonie de sorte que sculpture et architecture se confondent, voilà le patrimoine des Chandelas, un patrimoine qui fait ressortir l'équilibre parfait entre le physique et le spirituel. Mais, et cela est vrai pour tout chef-d'oeuvre, l'interprétation finale est toujours subjective, chacun l'appréciant à sa manière. Les temples de Khajuraho symbolisent la philosophie profonde pour ceux qui désirent les justifier. Ceux qui voient en eux la déchéance de la société les condamnent.

Pages 64-65: *Ce panneau du côté extérieur de la plate-forme du Lakshman est orientée vers le sud-est et fait partie d'une frise dépeignant les scènes de bataille.*

Ci-contre: *a sensualité des sculptures de Khajuraho ressort souvent dans les gracieuses figures féminines telle cette danseuse.*

En haut: *Dans ce mithun de la bande au milieu orientée vers le nord du temple de Vishvanath, la serviteuse se cache le visage alors que l'homme la pénètre de derrière. On dirait qu'elle supplie en même temps devant un ascète, qui à son tour pratique l'onanisme.*

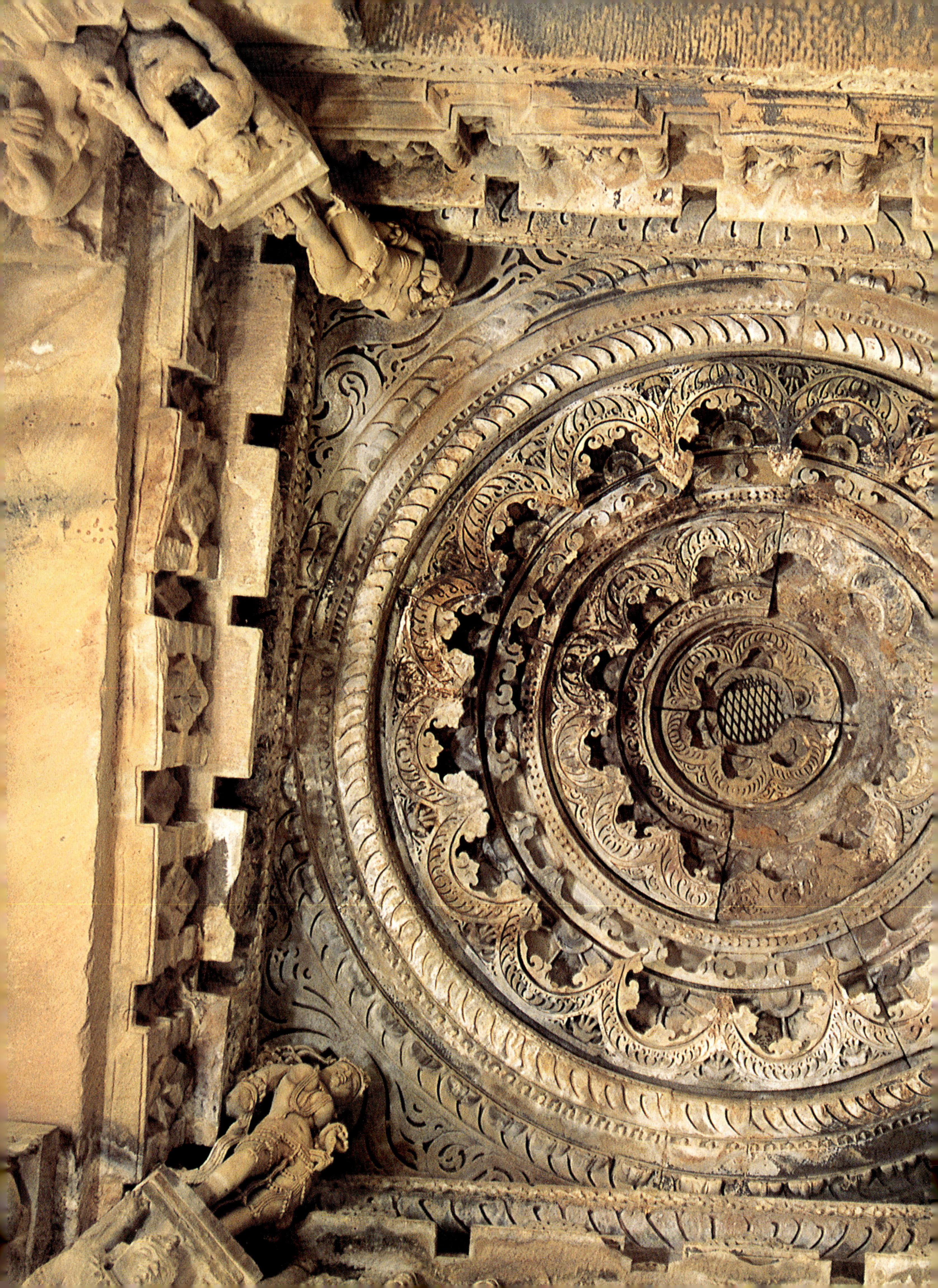

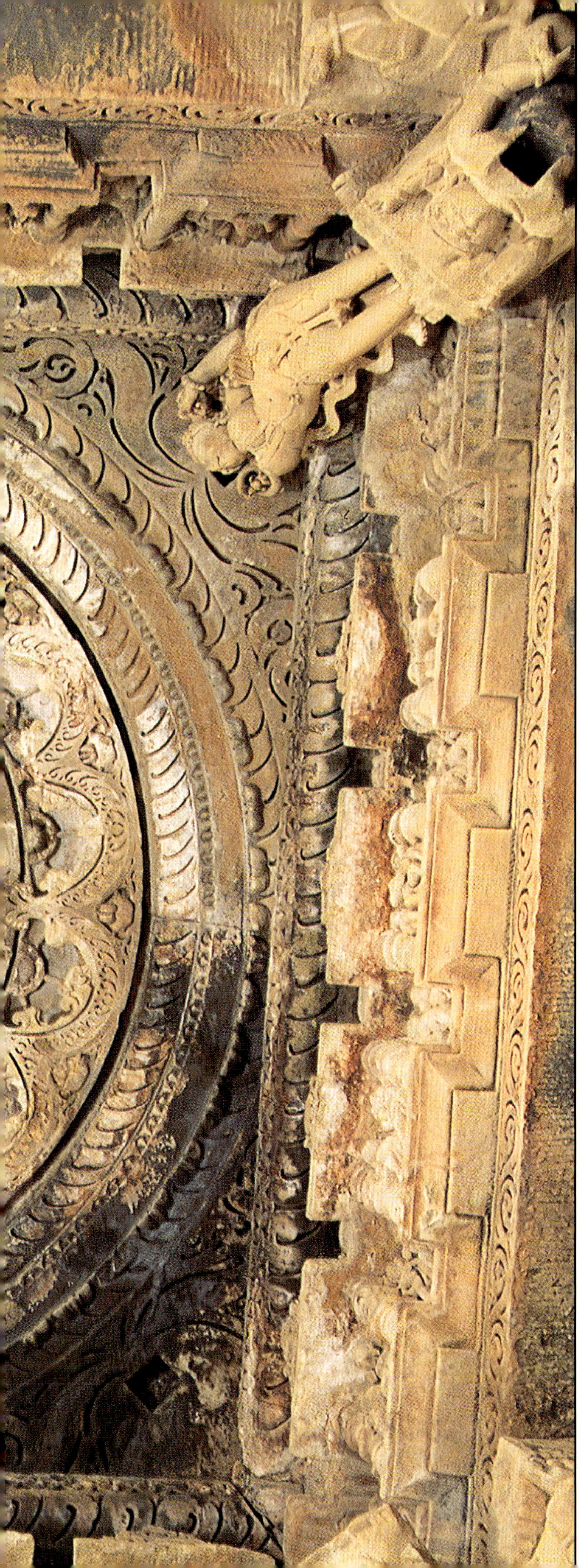

Architecture

Un style architectural commun caractérise les 85 temples construits du 9e and 12e siècles. Ici on voit le plafond de l'entrée du porche du temple de Lakshman. C'est le seul temple à garder ses quatre sanctuaires intacts.

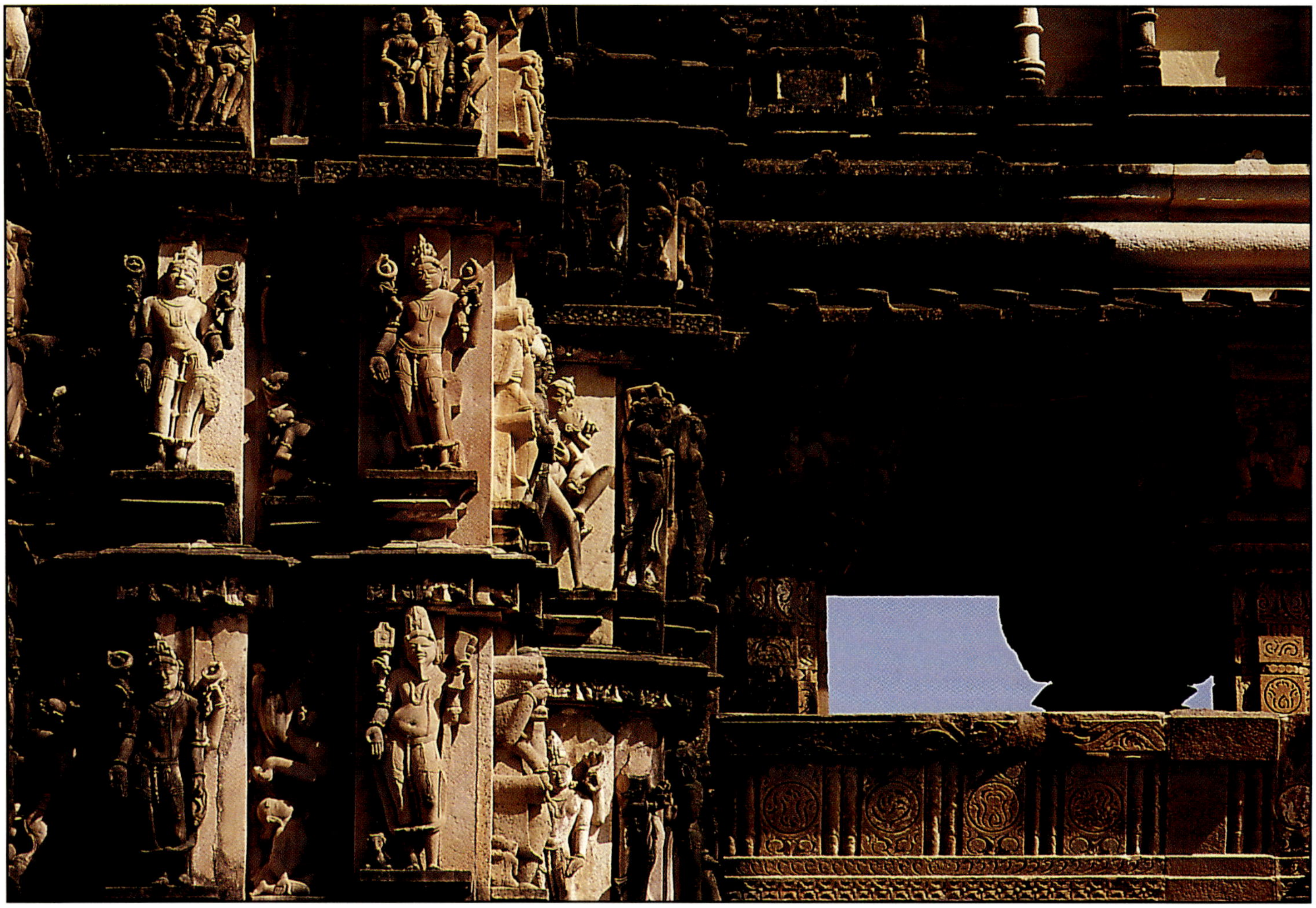

Le mouvement vertical des façades du temple est arrêté par les balcons et les fenêtres; vues de loin, elles donnent à l'ensemble une certaine fluidité tout en assurant l'éclairage de l'intérieur et des ambulatoires. Cette photo montre le portique avec ses fenêtres qui donnent sur les sculptures du mur sud du temple de Devi Jagdamba.

LORSQUE LES GRECS ENVAHIRENT L'INDE AU 3E siècle avant J.C., le temple n'existait pas comme lieu de culte, l'hindouisme s'appuyant plutôt sur la philosophie que sur les rites. L'institution du temple comme lieu de culte s'est renforcée notamment grâce au bouddhisme; les bouddhistes exposaient les symboles de leur fondateur dans leurs stupas et du 2e au 7e siècle si forte fut l'influence de la religion bouddhique qu'on dirait que c'était la religion nationale. Elle a enfin échoué, parce que des prêtres brahmanes hindous rusés se mirent à concurrencer les mythes et rites bouddhistes par des fantaises théologiques et des formes ludiques du culte encore plus fabuleuses.

C'était dans cette période de refonte que l'hindouisme prit au sérieux l'institution du temple. Ajoutant à la signification du culte, la grandeur et la grâce, l'ornement et le décor, les hindous ont réalisé des merveilles en l'espace de quelques siècles. Les temples de Khajuraho reflètent cette activité à son apogée; dans la catégorie indo-aryenne ou nagara, les temples représentent le point culminant de la perfection. Aucune partie n'est superflue, que ce soit du point de vue des normes architecturales très strictes ou du symbolisme religieux le plus compliqué.

Des 85 temples que les rois Chandelas auraient construits, 20 sont relativement bien préservés. Les ruines dans les alentours font croire qu'il existait au moins une cinquantaine de plus. Les temples sont divisés en trois groupes géographiques: ceux de l'ouest comprennent les temples de Chausath Yogini, Lalguan Mahadev, Parvati, Varaha, Matangeshwar, Lakshman, Vishvanath, Nandi, Chitragupta, Devi Jagdamba et de Kandariya Mahadev. Parmi les sept temples de l'est, il ya quatre temples jaïns - Parsvanath, Adinath, Shantinath et Ghantai, et trois temples brahmanes - Vamana, Javari et Brahma. On l'appelle aussi le groupe jaïn. Le petit groupe du sud contient les temples de Chaturbhuj et de Duladeo. Le Kandariya Mahadev est sans doute le meilleur exemple de l'architecture des temples de l'Inde centrale.

Les temples de Khajuraho ne sont pas liés à un secte ou une religion quelconque. Certains temples sont dédiés à Shiva, d'autres à Vishnou et d'autres encore aux Tirthankaras jaïns, mais du point de vue de l'architecture, rien ne les distingue. Souvent, il n'y a aucun rapport entre le nom du temple et la divinité que l'on trouve à l'intérieur, celle-ci se substituant à la divinité primitive volée ou détruite. Le temple de Brahma où loge Shiva ainsi que celui de Devi Jagdamba avec la déesse au sanctuaire étaient originellement dédiés tous les deux à Vishnou; cela ressort clairement de la place privilégiée qu'occupe Vishnou au seuil du sanctuaire. De même, une représentation du panthéon hindou indique que le temple de Parsvanath était un temple hindou à l'origine, dédié à Adinath.

Les temples sont souvent comparés au Mont Kailash (la demeure de Shiva dans l'Himalaya). Selon les inscriptions Chandelas, les tours des temples 'font concurrence aux cimes enneigées de l'Himalaya'. L'entrée des temples fait penser à une grotte. Kandariya Mahadev, le nom du plus grand temple de Khajuraho, veut dire 'le Seigneur qui habite une grotte dans les montagnes', c'est à dire Shiva. Tous les temples n'ont qu'une seule entrée, orientée généralement vers l'est, sauf celles de Chaturbhuj et de

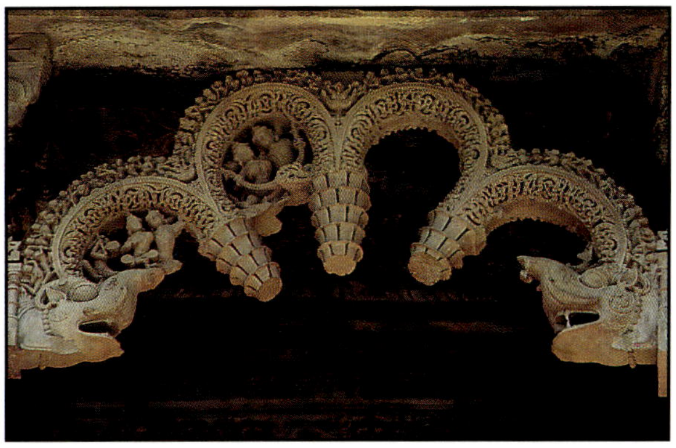

Le torana est un élément architectural important de l'embellissement de l'entrée du temple. Les toranas des stupas bouddhiques bien qu'ornés de figures étaient d'une conception plus sévère que ceux des temples hindous. Ce torana à quatre boucles à l'entrée du temple de Kandariya Mahadev est sculpté d'une seule pierre; les boucles avec leurs gandharvas et kinnaras se terminent par des têtes de crocodiles mythiques.

Pages 72-73: *L'entrée richement sculptée du sanctuaire du temple de Jagdamba Devi, bien que les figures des deux côtés soient abîmées. Le linteau en haut montre qu'à l'origine le temple a été dédié à Vishnou, même si aujourd'hui l'image dans le sanctuaire est celle de Parvati.*

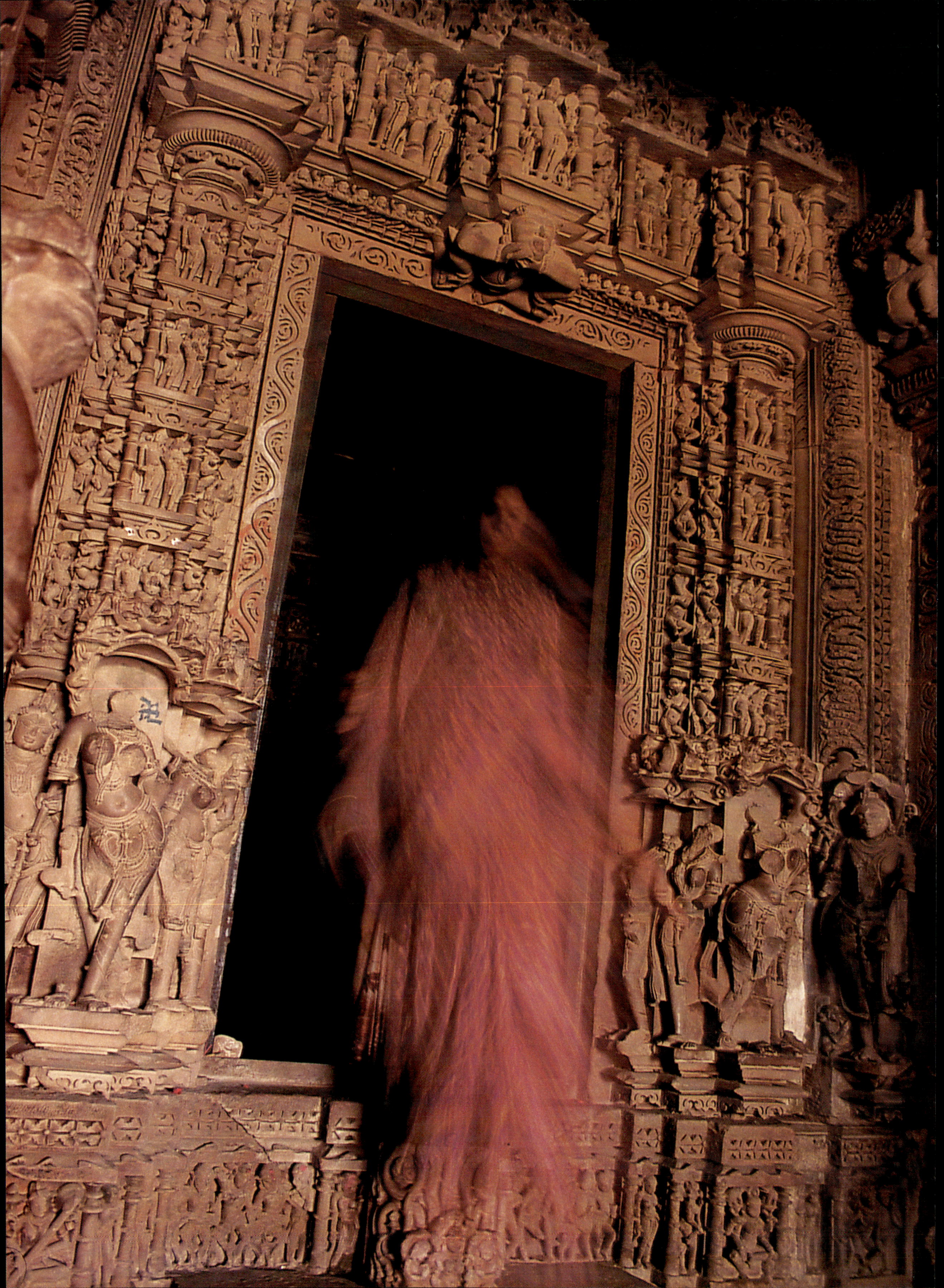

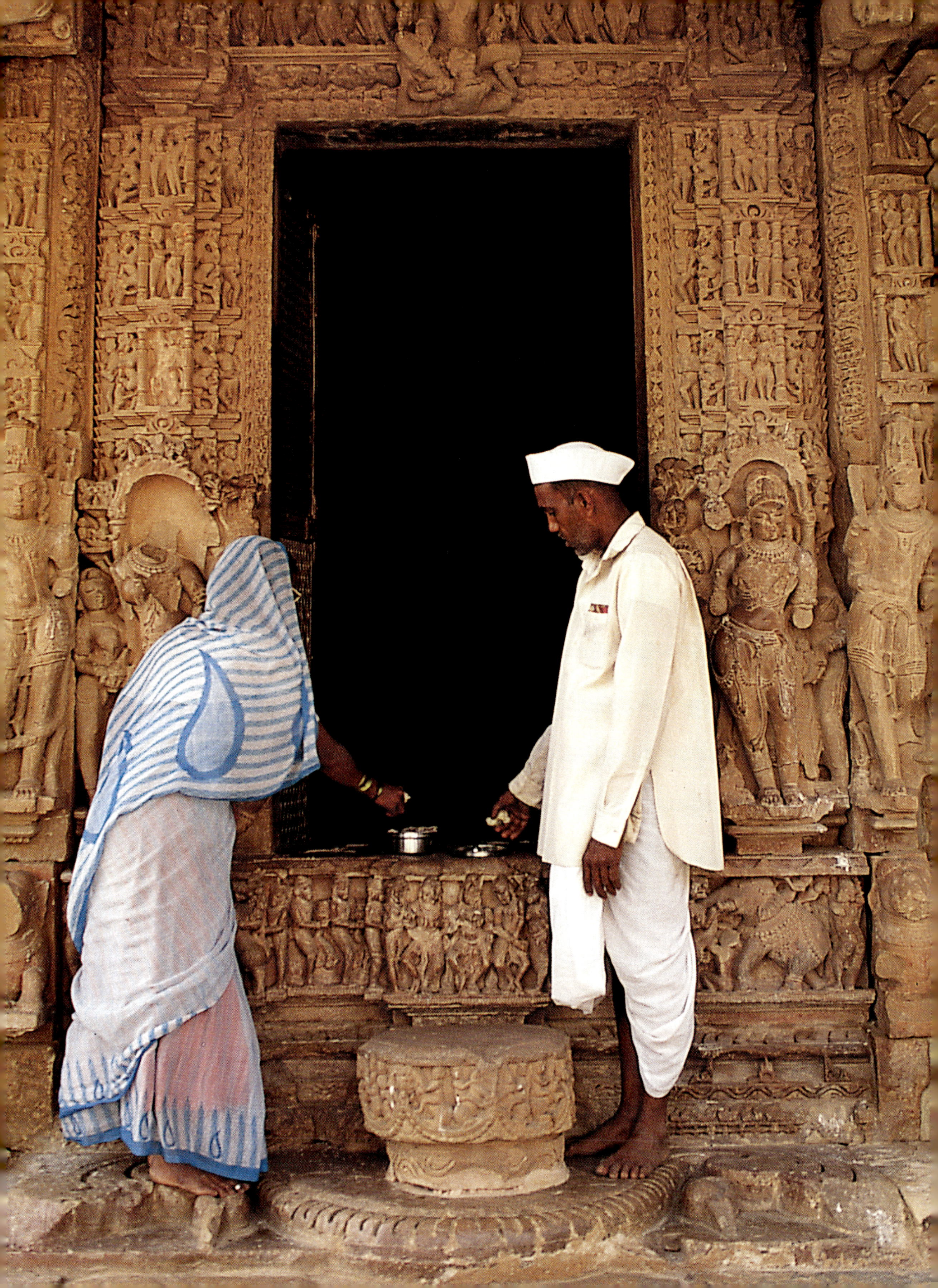

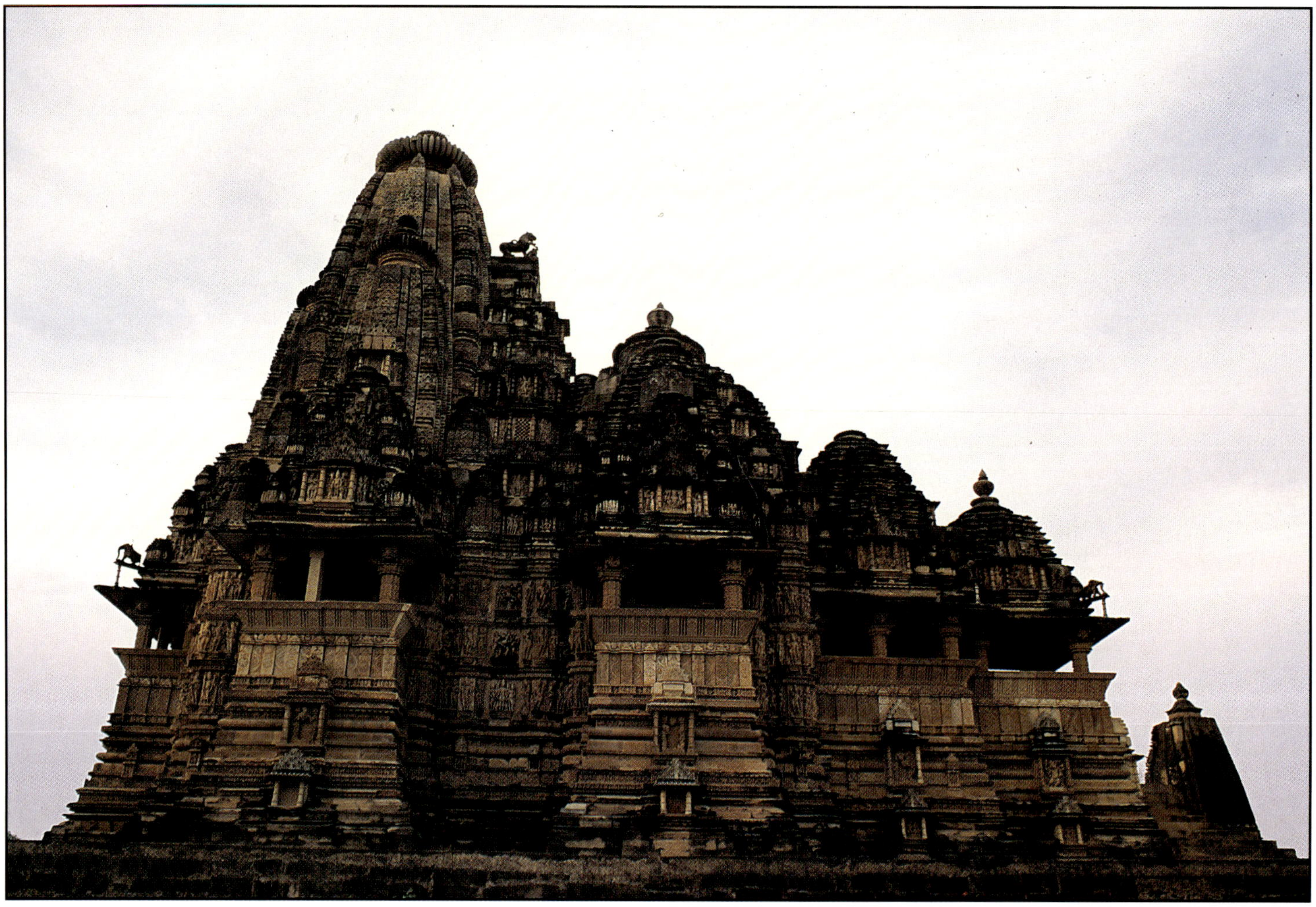

Elévation sud, temple de Vishvanath. Ce temple est un exemple typique de l'architecture de Khajuraho: construit sur une plate-forme sur laquelle on voit aussi une châsse de Nandi, il a un ardh-mandap, un mandap, un mahamandap, un antara et un garba griha avec un déambulatoire. La façade extérieure est ornée des trois bandes de sculptures traditionnelles.

Lalguan Mahadev qui sont orientées vers l'ouest et celle de Chausath Yogini vers le nord.

Le plan directeur des temples de Khajuraho prévoit quatre parties: l'*ardha-mandap* (porche d'entrée); le *mandap* (salle d'assemblée); l'*antaral* (vestibule) et le *garba-griha* (sanctuaire), où se trouve la divinité. Le *mandap* donne non seulement de l'élégance mais sert aussi de salle d'attente aux dévots, les abritant de la pluie et de la chaleur. Dans quelques temples, il y a un *mandap* de plus - le *maha mandap* - encore plus impressionnant et qui se distingue du *mandap* par ses transepts latéraux. Si le temple a un déambulatoire intérieur (*pradakshina*) autour du sanctuaire (c'est souvent le cas des grands temples), le sanctuaire dispose également d'une paire de transepts latéraux et d'un transept d'arrière. On appelle *nirandhar* les temples ayant une paire de transepts latéraux et *sandhar* ceux qui en ont deux paires.

Le plafond de chaque partie est soutenu par des poutres et architraves qui reposent sur les murs, piliers et plâtres. Les petites cellules ont généralement un toit plat ayant comme motif le lotus. Le plafond du *maha mandap*, plus grand, repose sur des architraves qui forment un carré et qui sont soutenus par quatre piliers au milieu. Le carré prend une forme octogonale avant de devenir circulaire au sommet. Il y a une progression verticale de sorte que le plancher de chaque partie successive se trouve à un niveau supérieur, celui du *garba-griha* étant tout en haut.

Ce mouvement vertical est évident partout; il commence avec la maçonnerie solide ou *jagati*. La plate-forme ouverte et large sur laquelle on érige le temple est l'un des traits distinctifs des temples de Khajuraho. Le temple de Lakshman, typique du style Khajuraho, a gardé intacte sa plate-forme originale. Le plan d'élévation des temples consiste en un sous-sol--le *adisthana*--posé sur le *jagati*, sur lequel est posé le *jangha* ou la partie du mur du temple qui constitue la zone centrale. Les ouvertures-balcons pratiquées dans les murs-constituent un autre trait saillant des temples de Khajuraho. Ainsi vide-solide présente non seulement un contraste pittoresque mais sert également pour éclairer et permettre la circulation d'air. Au dessus du *jangha* se trouve le *shikhar* ou tour. Chaque compartiment a son propre toit. De même que les couches du sol sont posées l'une au dessus de l'autre, les toits aussi s'élèvent en couches.

Chaque toit est couvert d'un groupe de *shikhars* et d'*urushikhars* (demi-tours) disposées en style rupture\coupure avec une concentration maximale au-dessus du toit du sanctuaire. Les *shikhars* curvilignes sont couronnés d'un *amalakh* et d'un *kalash* qui constituent ensemble une caractéristique des temples Nagara. Le *kalash* - cruche d'eau ou urne propice - contient le nectar auquel tout dévot aspire, car ceci lui permettra d'échapper à la mort et à la décadence. L'*amalakh* ou anneau strié en pierre encercle le *kalash* et signifie l'essence pure.

Le temple est souvent conçu comme corps humain abritant dieu dans son âme (sanctuaire). La base ou *adisthana* représente les jambes, la partie du milieu *jangha* est la taille et la partie supérieure le *shikhar* devient la tête avec sa couronne du *kalash* et du *amalakh*. Certains temples se caractérisent par des sanctuaires auxiliaires disposés dans chaque coin du *jagati*, constituant ainsi le *panchayatan* complet

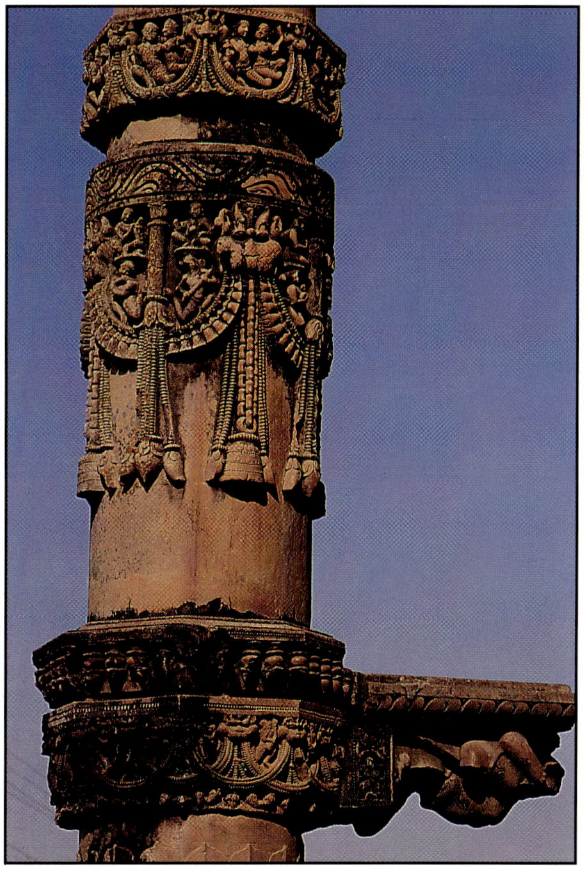

En haut: *la colonne avec cloche du temple de Ghantai est dotée de sculptures de gandharvas, kinnaras et de vidyadhars, créatures céleses flottantes.*

Au verso: *une vue d'ensemble du temple de Lakshman avec vue de Matangeshwar. Le temple de Lakshman est important, car c'est le seul temple existant à Khajuraho du style nord indien de Panchayatana avec sanctuaire principal et quatre sancturaires auxiliaires. Normalement, en cas pareil les sanctuaires auxiliaires abritent les divinités de la même famille que celle de la divinité principale à laquelle est dédié le sanctuaire principal. Dans le cas de ce temple de Vishnou, les auxiliaires devaient être dédiés à Durga, Indra, Surya et Agni, mais ceux-ci n'abritent plus ces images originelles.*

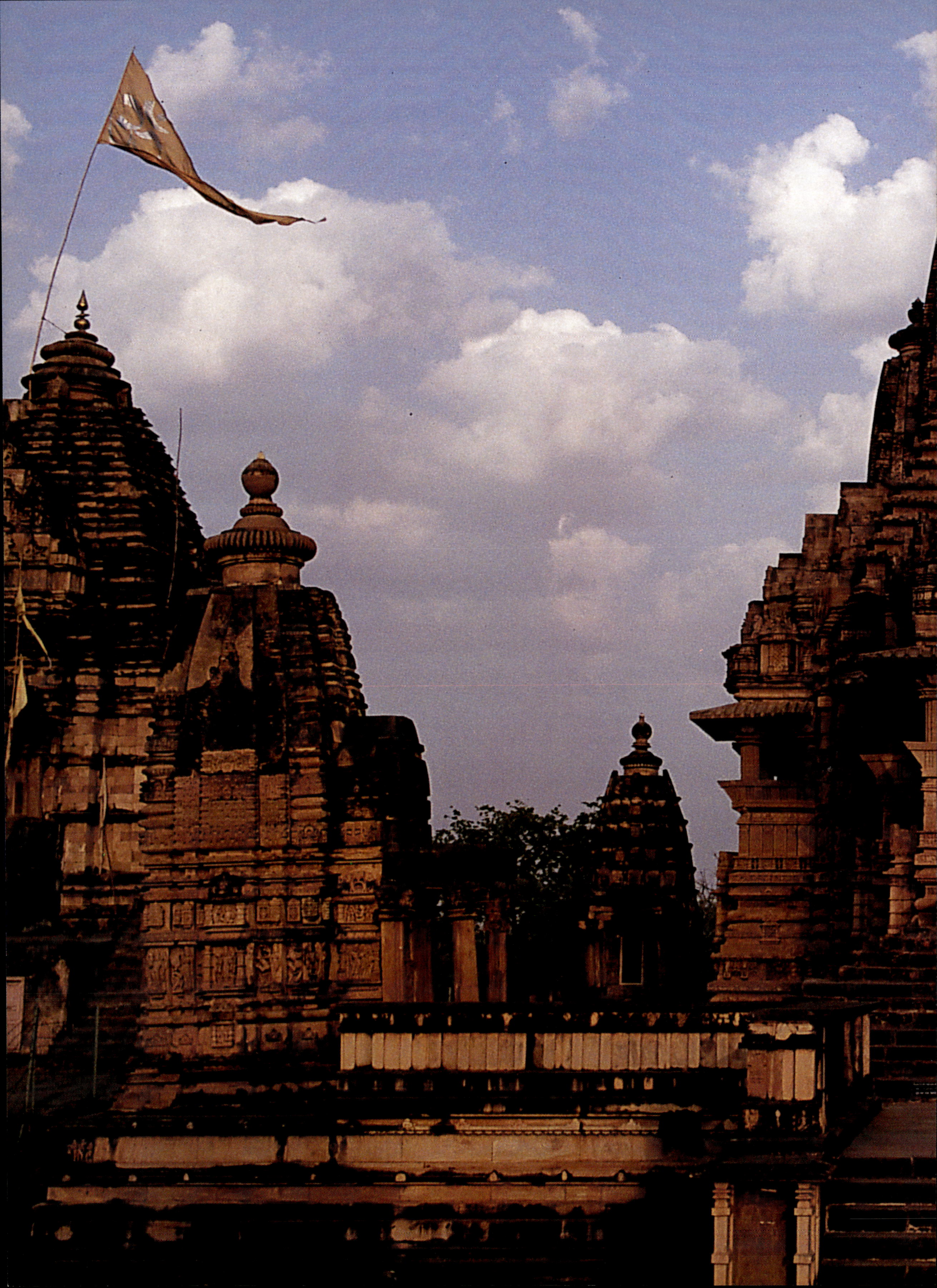

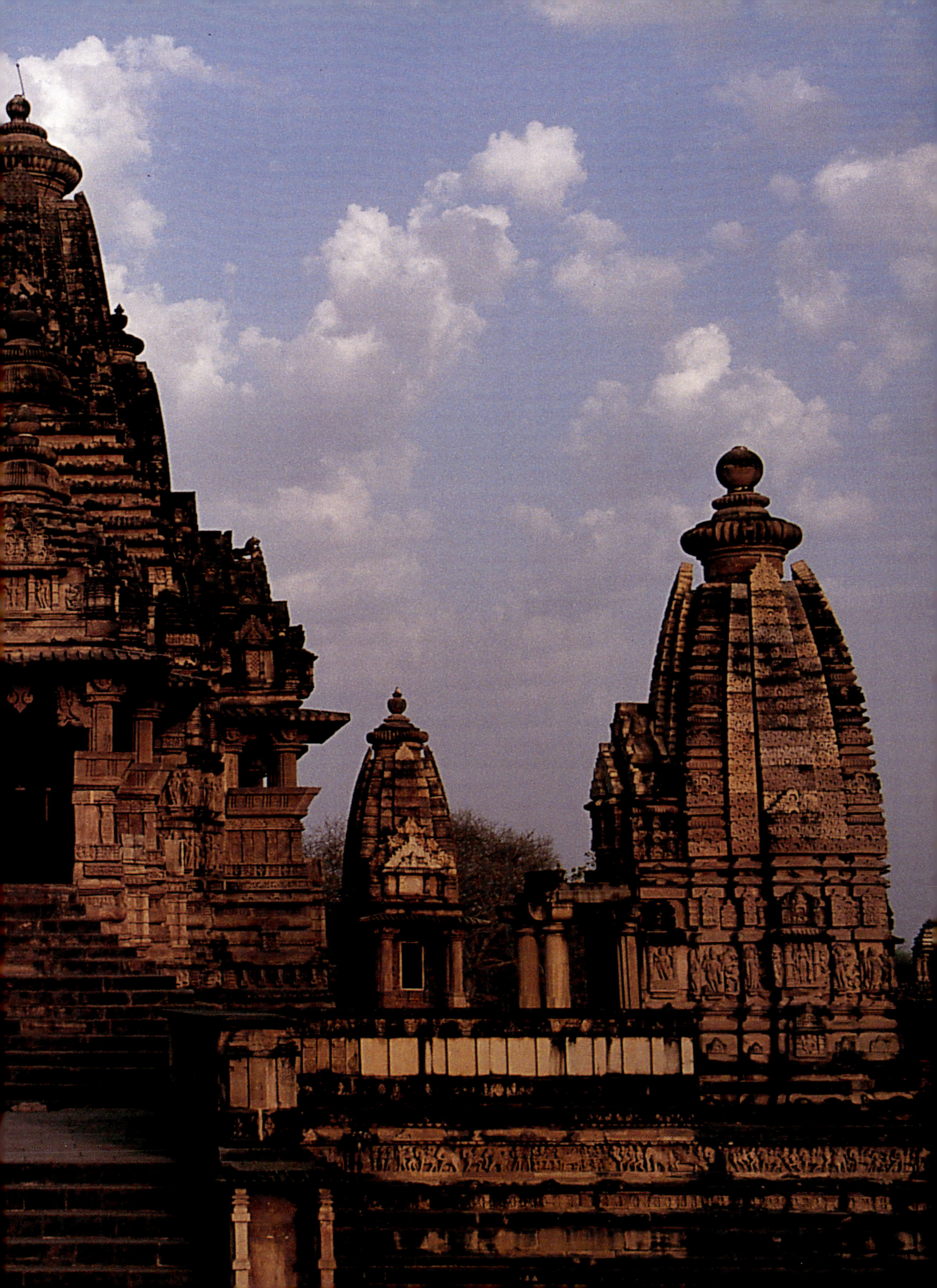

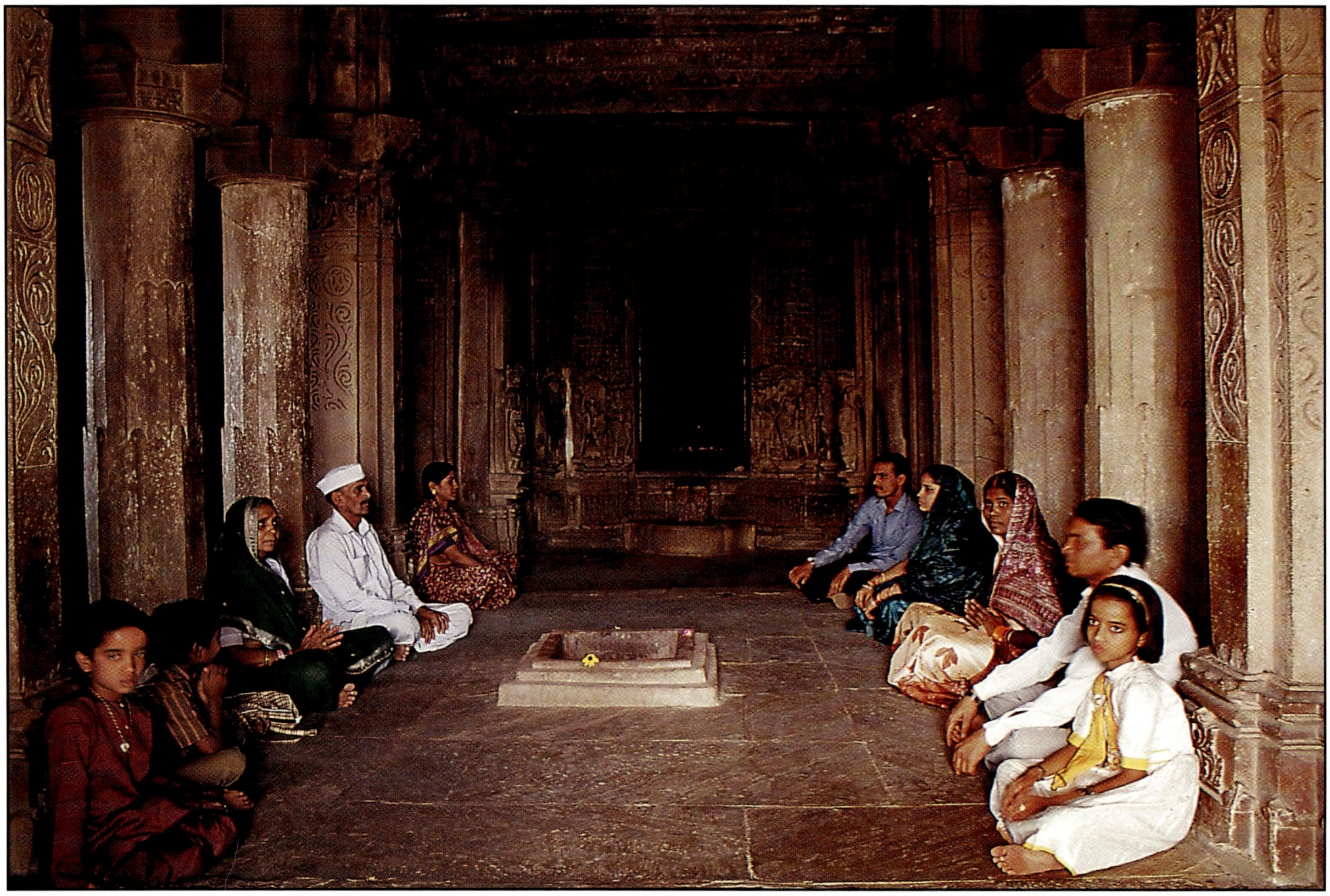

Le mahamandap du temple de Devi Jagdamba avec la porte du sanctuaire intérieur. Alors que la porte est couverte d'images de divinités, les piliers-supports sont complètement dépourvus d'ornement. Dans les temples de Lakshman et de Kandariya Mahadev, les piliers sont surchargés d'images de divinités, de shalbhanjikas et de gandharvas pour atteindre le point culminant avec des images du nain keechak. Dans chacun des temples, les piliers servent de support au plafond.

(ensemble de cinq sanctuaires). Bien que les temples de Kandariya Mahadev et de Vishvanath appartiennent à la catégorie *panchayatan*, seul le temple de Lakshman préserve ses quatre sanctuaires auxiliaires intactes.

L'évolution lente du temple de Khajuraho qui s'étend sur deux cents ans est reflétée dans ce *chausat yogini* en granit et les temples de Brahma - Matangeshwar, Lakshman, Vishvanath, Kandariya Mahadev, et enfin Chaturbhuj et Duladeo. Faits de granit, les sanctuaires minuscules du *chausat yogini* ont des *shikhars* rudimentaires sans aucun ornement. Le Brahma et le Lalguan Mahadev illustrent cette transition dans les matériaux employés - corpus en granit et toit en grès. Dans le Varaha, le granit est limité à la partie inférieure du plinthe et le Matangeshwar est le premier temple à être construit entièrement en grès. Les ouvertures-balcons et certains éléments de décor commencent à prendre forme dans ces temples. Mais c'est avec le temple de

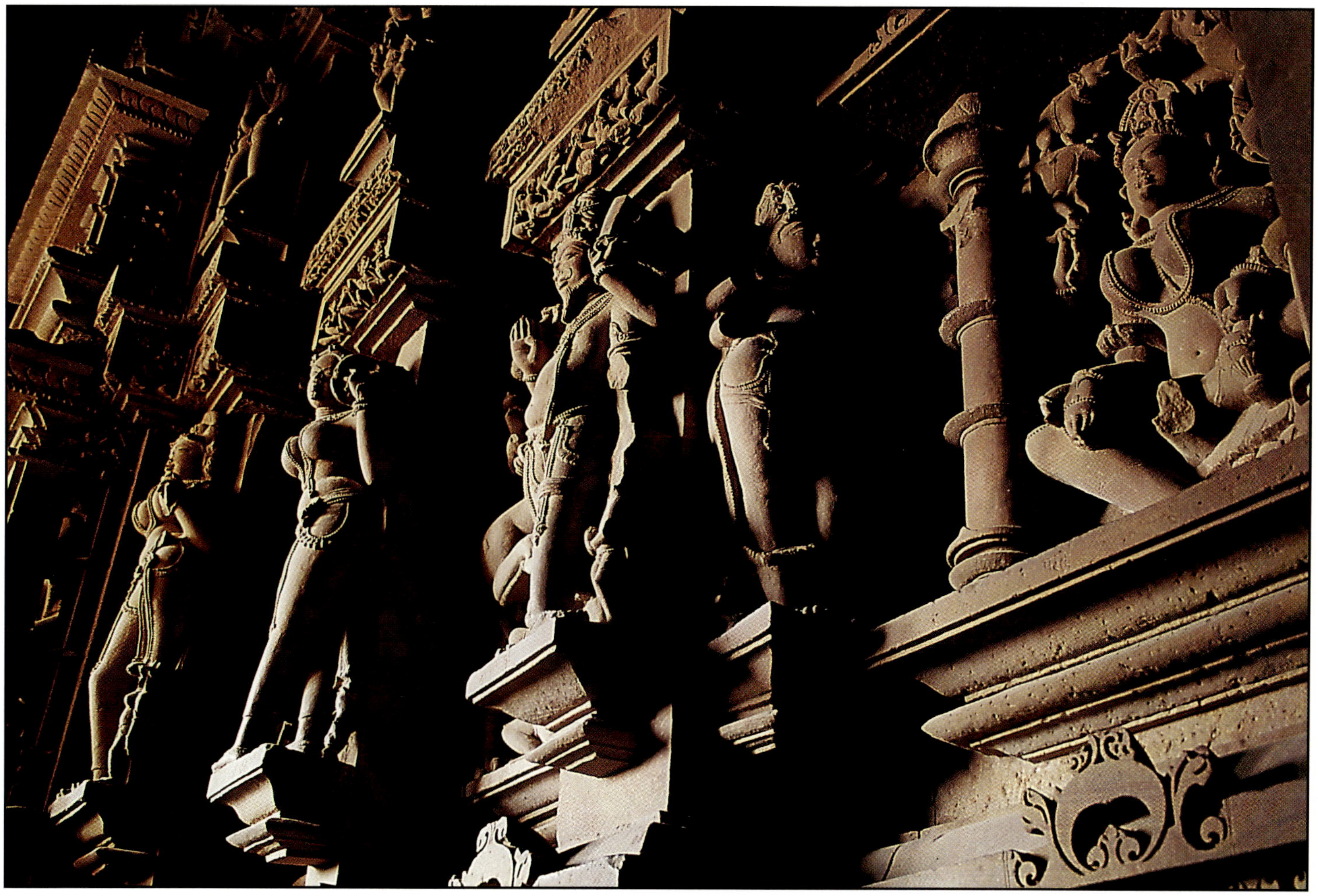

Lakshman qu'on pourrait parler du style Khajuraho proprement dit. Ensuite, on voit toute la progression - d'abord le Parsvanath, puis le Vishvanath, le Devi Jagdamba et le Chitragupta pour enfin atteindre son apogée avec le Kandariya Mahadev, temple sans pareil.

Au cours de cette évolution, le *makar-torana* à deux boucles se transforma en *torana* en cinq boucles, le toit du *mandap* dépourvu d'ornement en acquit et le mur sans ouvertures céda la place aux ouvertures-balcons; le *shikhar* devint plus complexe et impressionnant avec de nombreux *shikhars* auxiliaires. Le simple édifice se transforma en ensemble à cinq sanctuaires avec un déambulatoire. L'évolution simultanée de la sculpture est également évidente; à mesure que le temps passait, les murs se sont dotés de bandes, de sculptures et de frises avec des niches et projections. Le Kandariya Mahadev représente le point culminant de cette évolution. Les temples de Vaman, d'Adinath et de Javari sont plus petits, mais ils réussissent à évoquer le même style. Les temples de

Ci-haut: *le circumambulatoire autour du temple de Lakshman possède de nombreux sculptures de qualité. A droite, on voit Gaja Lakshmi, l'épouse de Vishnou, alors que la figure à la barbe est celle d'Agni, le dieu du feu. Sont interposées des nymphes célestes en des poses variées.*

Au verso: *une vue du temple de Duladeo de derrière avec les travaux de restauration dédié à Shiva. Son shikhar est entouré de trois shikhars mineurs. La longueur de l'ardhmandap est hors du commun et mène au mahamandap octogonal.*

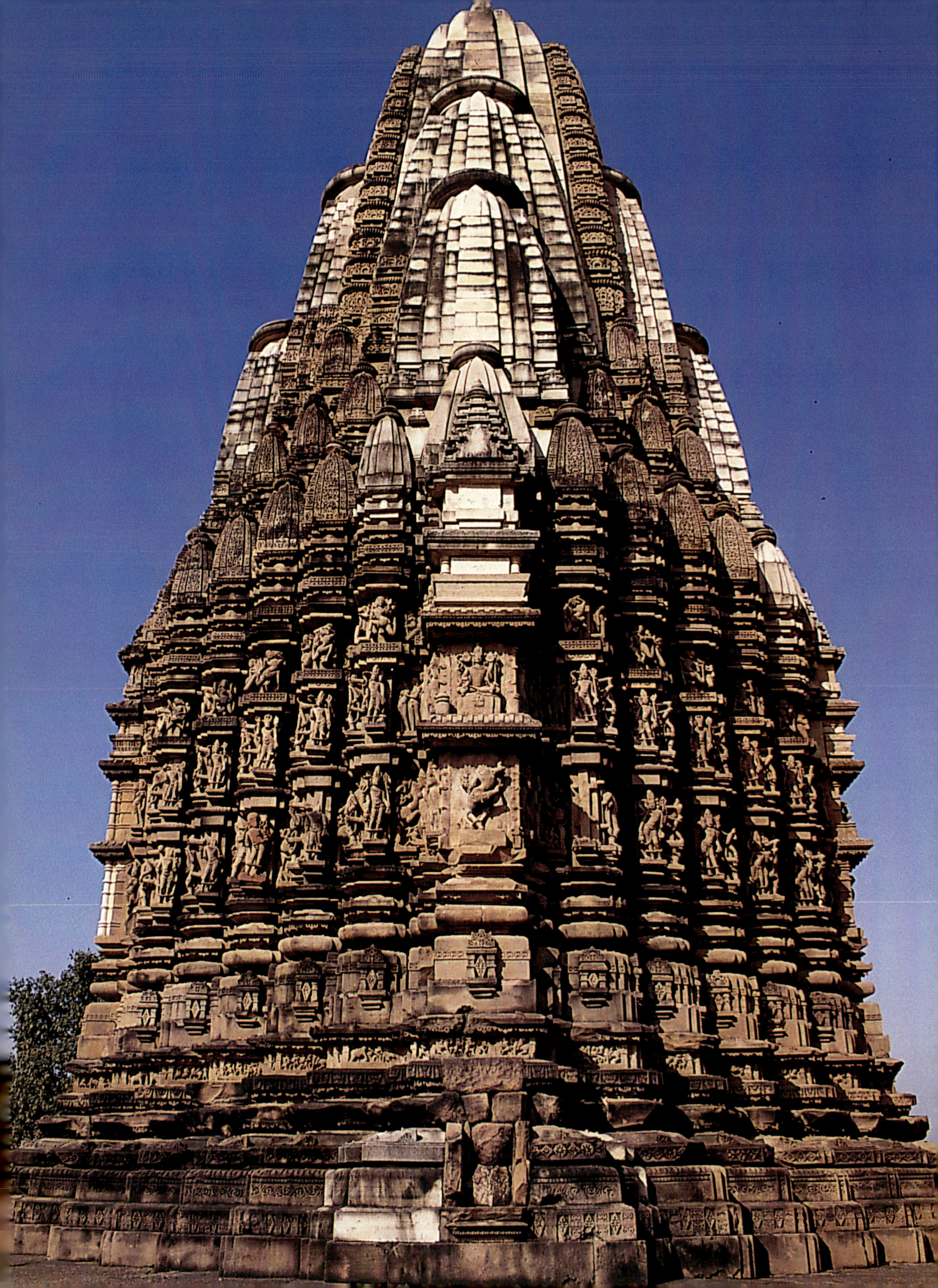

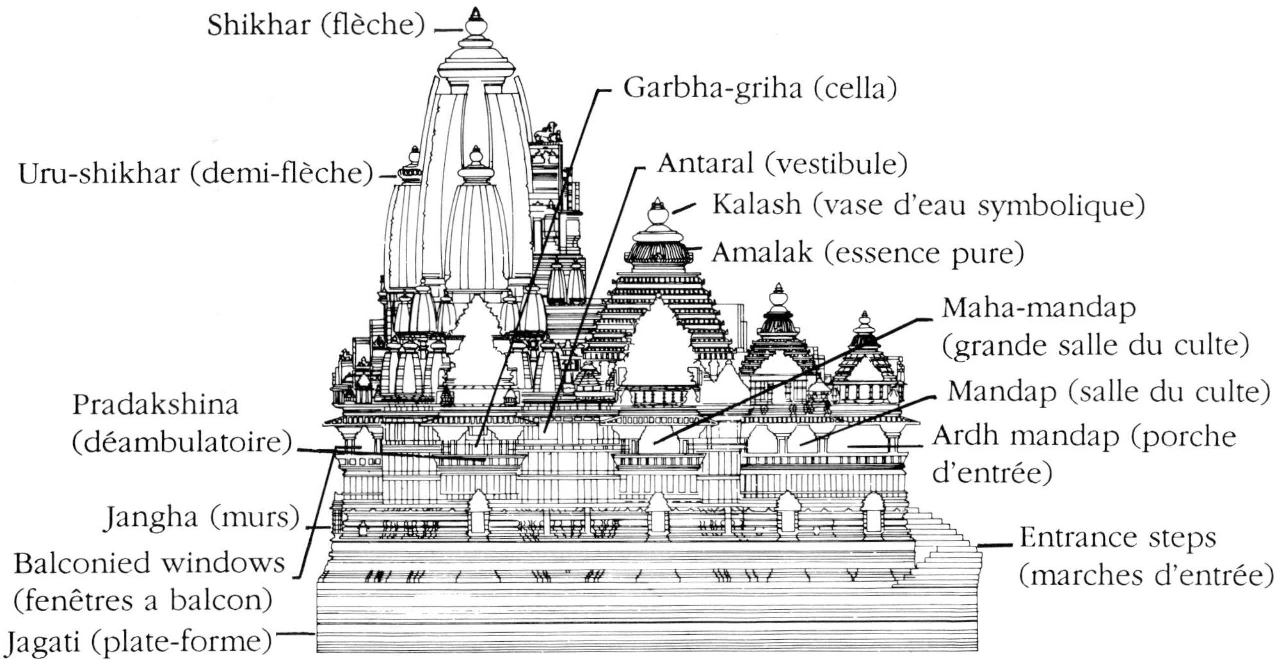

Chaturbhuj et Duladeo annoncent le déclin du style Khajuraho. L'excès d'éléments décoratifs fatigue.

Par rapport aux temples construits à la même époque en Orissa, au Gujarat et au Rajasthan, le temple de Khajuraho a des sanctuaires *sapta-ratha* très développés et des parties cubiques en-dessous du *shikhar* ou *saptanga-baba* (sept segments) très sophistiquées. Les temples d'Orissa possèdent en général des sanctuaires à cinq projections et une partie cubique à cinq segments, alors que ceux du Gujrat ont des sanctuaires à cinq projections et une partie cubique à trois segments. En Orissa, le *shikhar* au-dessus du sanctuaire est relativement austère, sans tours auxiliares et les *mandaps* dépourvus d'ornement. Les premiers temples *sandhar* du Rajasthan ressemblent de près à ceux de Khajuraho, le plan et la conception architecturaux étant analogues. Mais ils n'ont ni les corbeaux *apsaras* ni l'abondance sculpturale.

Plan typique du temple de Khajuraho, chaque partie liée à l'autre dans un ensemble cohérent, c'est le symbole du corps humain qui monte vers le paradis.

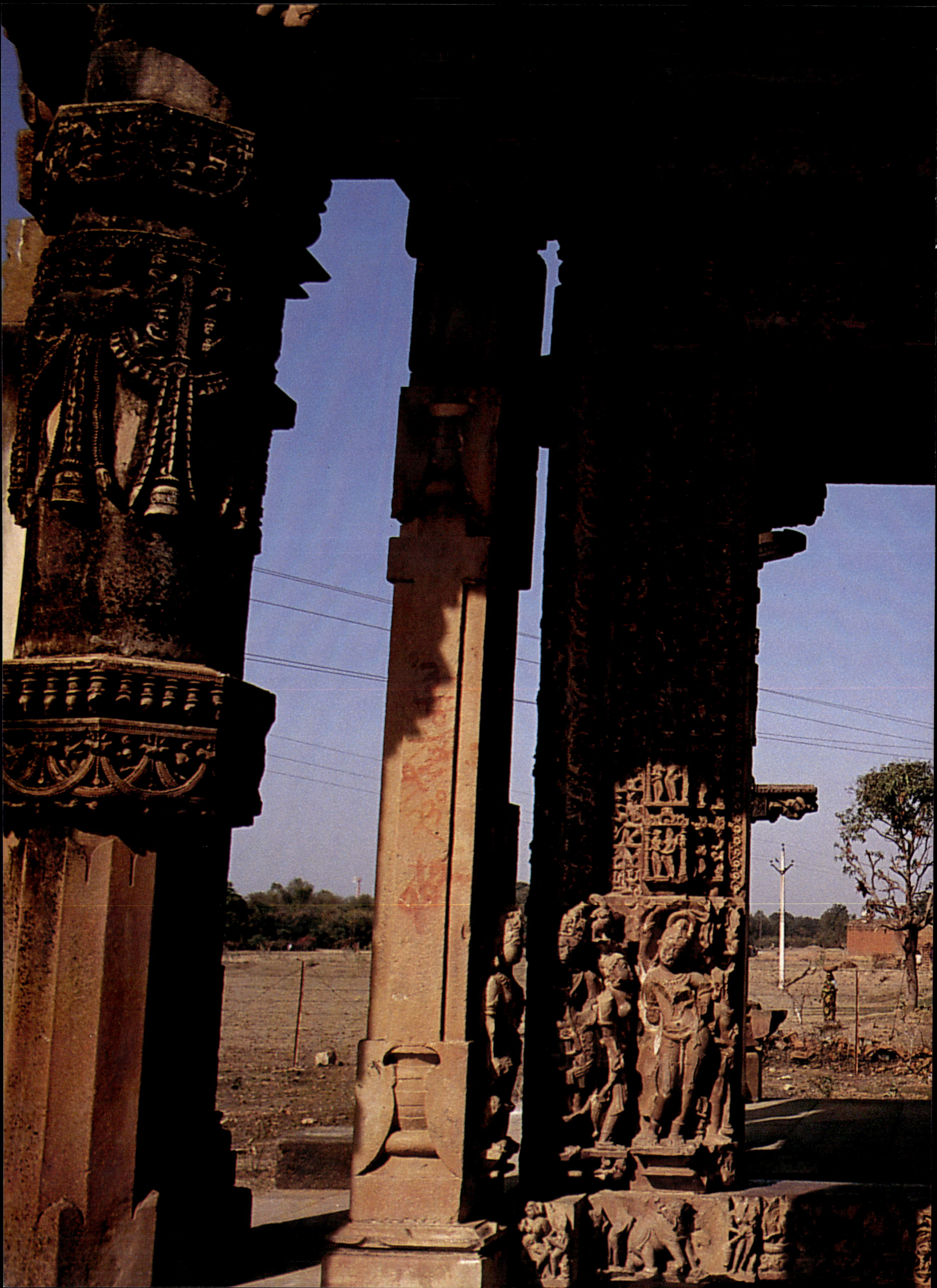

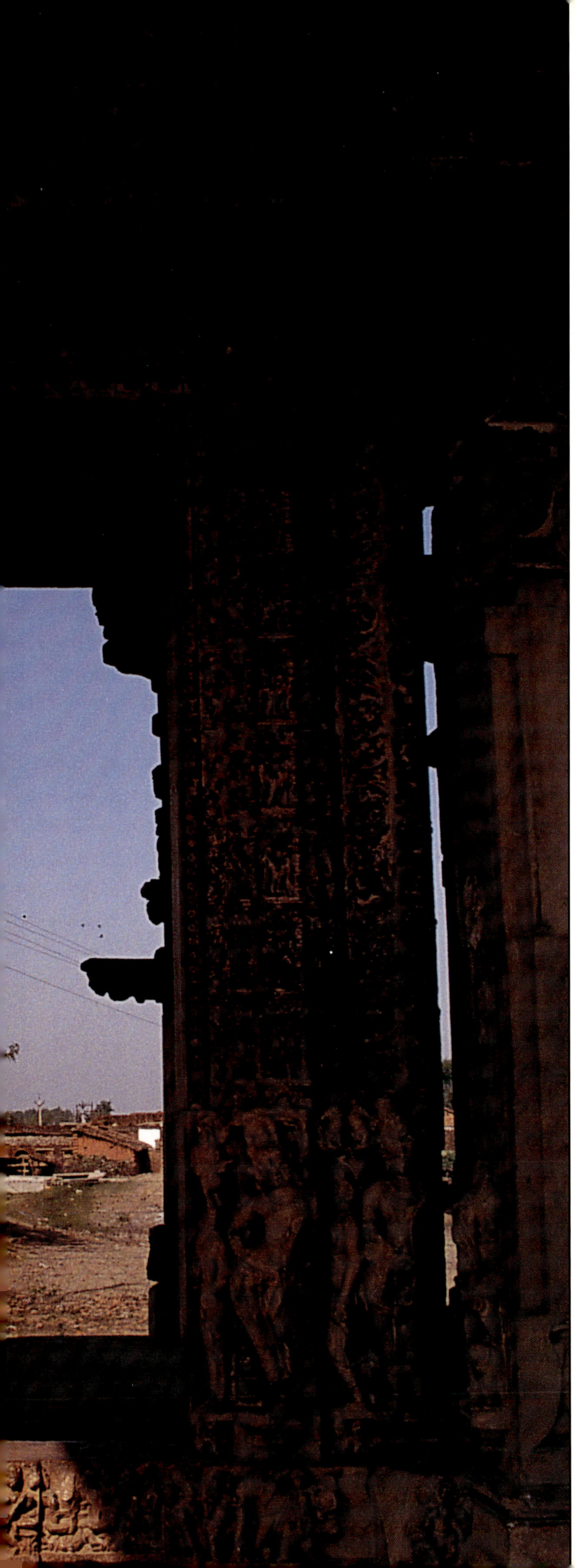

Oubli Et Redécouverte

'Le temps aux plus belles choses se plaît à faire un affront;' les temples, vieux de mille ans, abandonnés, ne font pas exception à cette loi. Cette photo montre le village de Khajuraho encadré par les ruines du temple de Ghantai, temple connu pour ses piliers décorés au motif de cloches pendantes, d'où le temple dérive son nom.

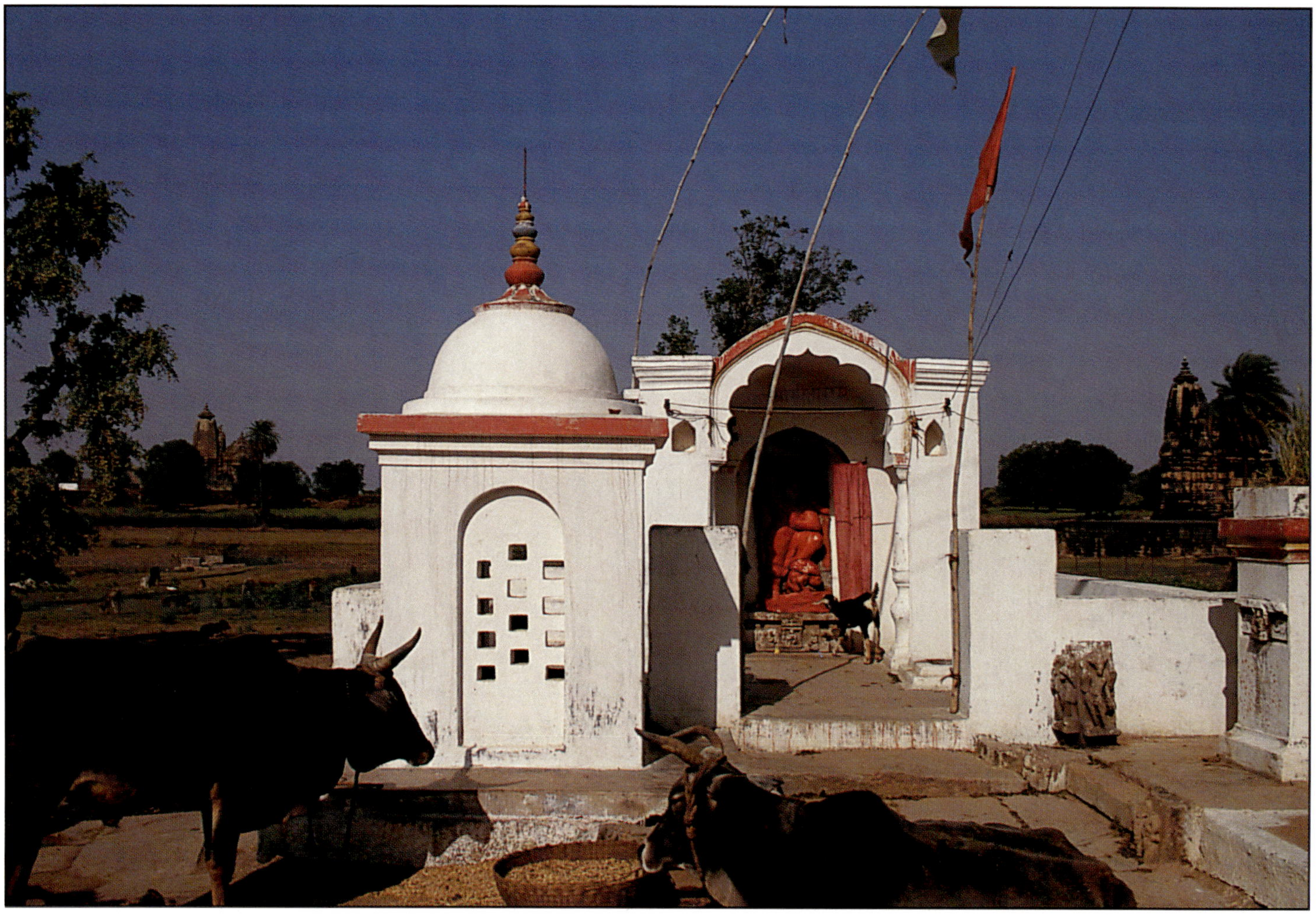

Une châsse moderne dédiée à Hanuman, le dieu-singe associé à Ram, le héro du Ramayana, située en route du village de Khajuraho. On a enduit l'image d'une pâte de santal, de curcuma et de vermillon; les dévots s'en enduisent le front tout en cherchant la bénédiction des dieux.

LE POUVOIR AFFAIBLI DES RAJPUTS DE Chandela s'accompagne d'un rétrécissement du royaume, et vers le 13e siècle leur capitale est dépourvue d'intérêt politique. De nouveaux centres politiques se développent et cet empire connu pour son faste se voit incapable de protéger les arts. Par conséquent, les artisans sont contraints de chercher un nouveau mécène.

La forêt dévora cet empire florissant, ses temples, ses édifices et ses réservoirs. La forêt protège la faune, pas les hommes; toutefois, certains dont les ancêtres avaient prié dans les temples des Chandelas y revenaient rendre hommage à Shiva les jours de fête.

C'est au 19e siècle qu'on redécouvre les temples oubliés de Khajuraho. Mais il faudra attendre jusqu'au 20e siècle pour qu'ils retrouvent toute leur gloire d'antan. Dans l'intervalle, ils n'étaient qu'une curiosité du récit de voyage.

Avec le déclin de la dynastie des Chandelas après Vidyadhar (1018-1029), Khajuraho n'est resté qu'un

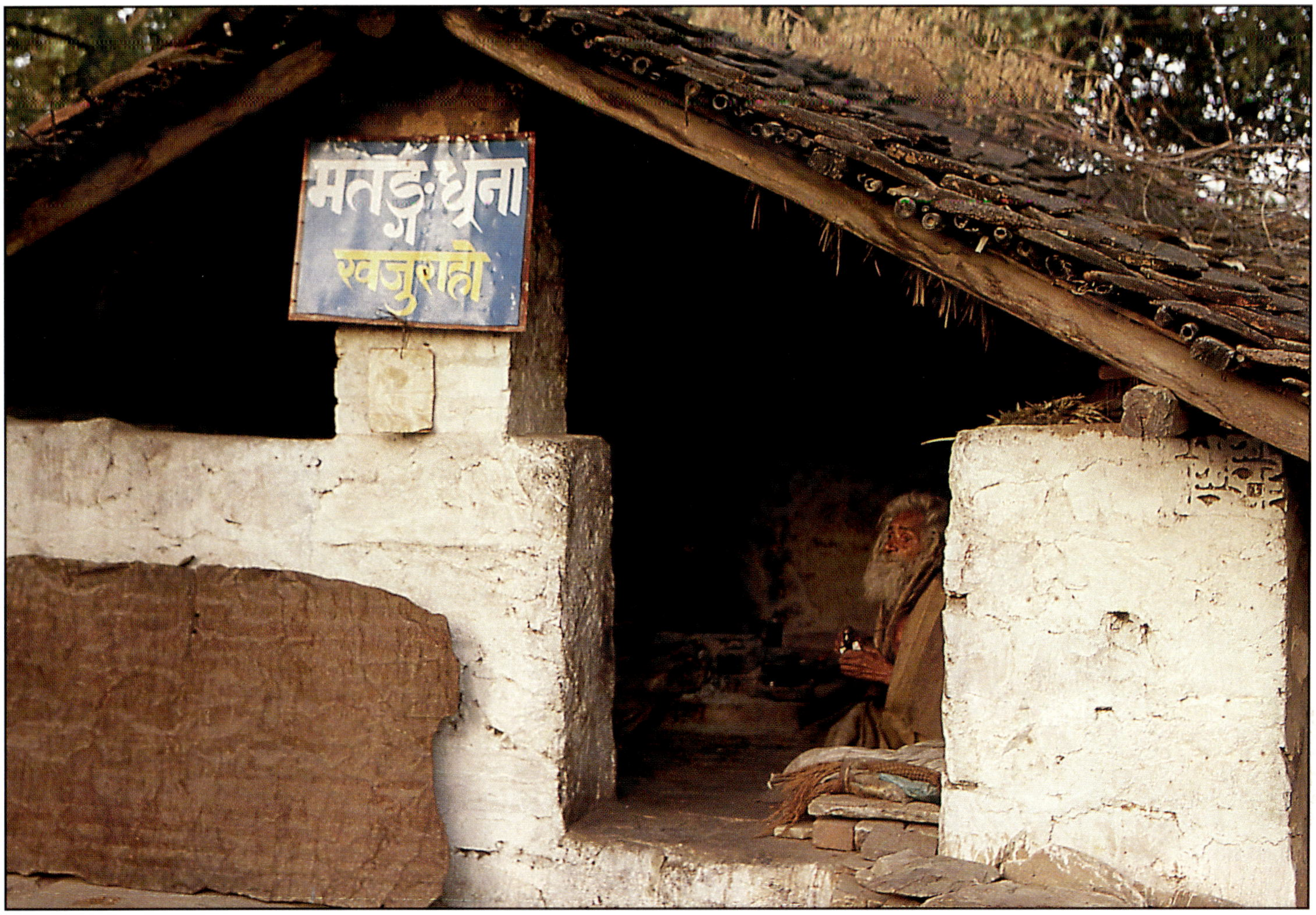

centre religieux mineur. On ne lui a pas accordé le prestige d'un lieu de pèlerinage comme on l'a fait pour Bénarès. La majorité des temples furent abandonnés; le seul à rester un lieu de culte était celui de Matangeshwar avec son énorme shivling ou symbole phallique de Shiva. Le reste, c'était des pierres et des ruines où vivaient des animaux, et parfois des ascètes. Ibn Batuta confirme ceci dans ses récits. Il se rendit à Khajuraho qu'il appela 'Kajarra' en 1335. Il écrit: "C'est là au bord d'un vaste étang de deux kilomètres de long qu'on trouve des temples contenant des idoles mutilés par les Musulmans. Au centre de l'étang, on voit trois coupoles en pierre rouge, chacune ayant trois étages. A l'extrémité de l'étang, on voit des coupoles dans lesquelles vivent des ascètes, les cheveux coagulés et aussi longs que leur corps, car ils pratiquent l'ascétisme et leur corps a tendance à jaunir. Plusieurs Mulsulmans les suivent pour apprendre quelque chose. On dit que si ceux qui sont atteints de la lèpre ou de l'éléphantiasis vivent avec eux pour une longue

Padam Chandel est connu sous le nom de Matang Baba. Il vit au pied du temple de Matangeshwar depuis une éternité. Bien qu'il ne se rende jamais au temple de Shiva et qu'il s'élève la voix souvent en colère contre les dieux, il passe le plus clair de son temps à balayer le sentier qui mène au temple. Des guides disent parfois que c'est un des membres de la dynastie des Chandelas, mais la véracité n'en a jamais été confirmée.

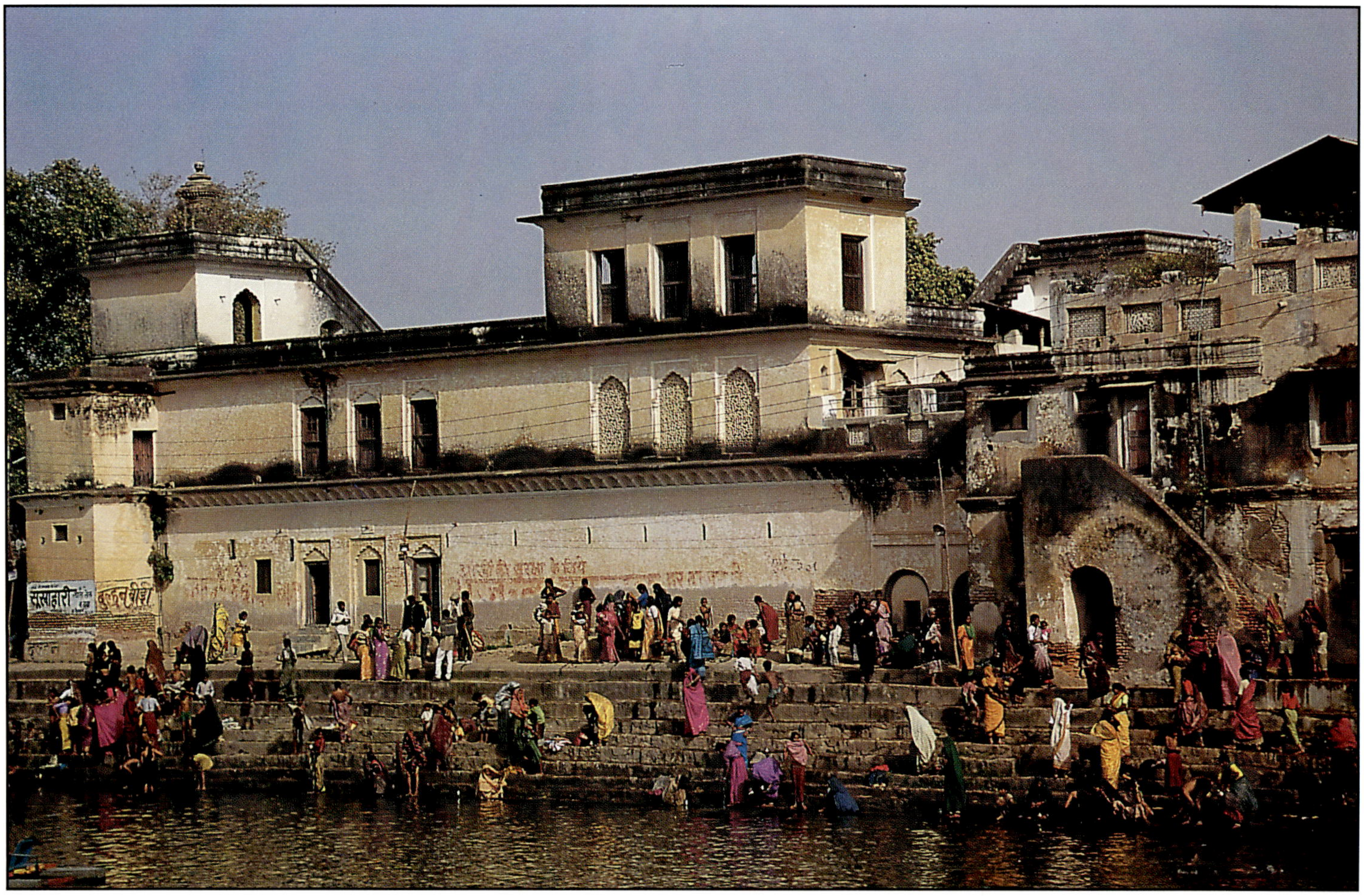

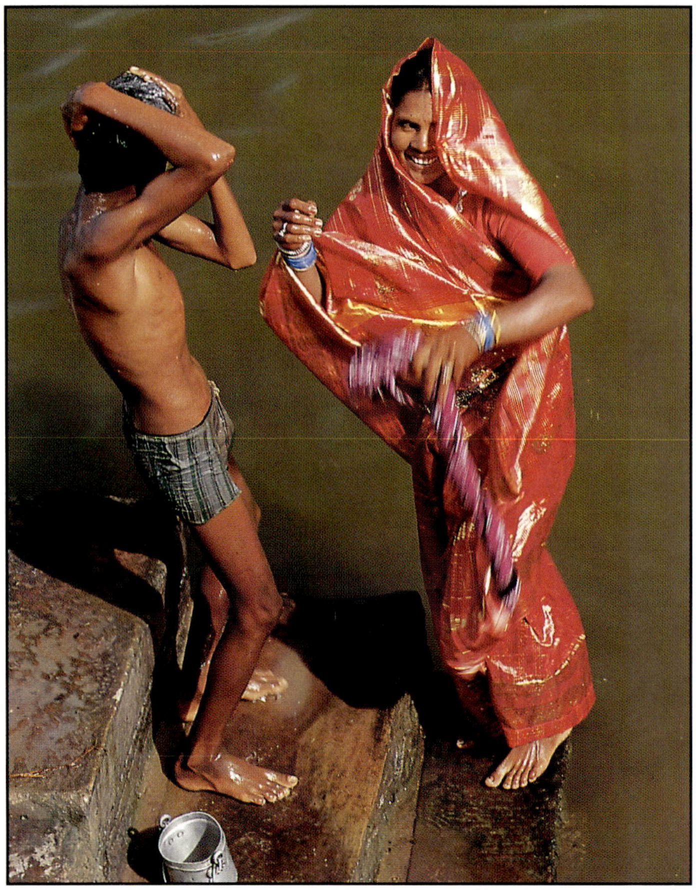

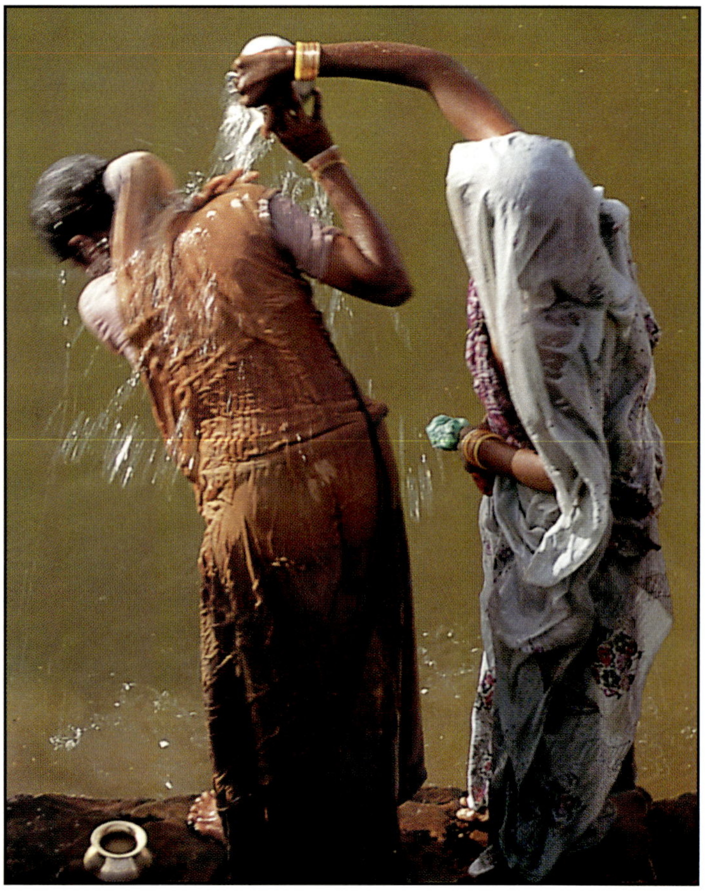

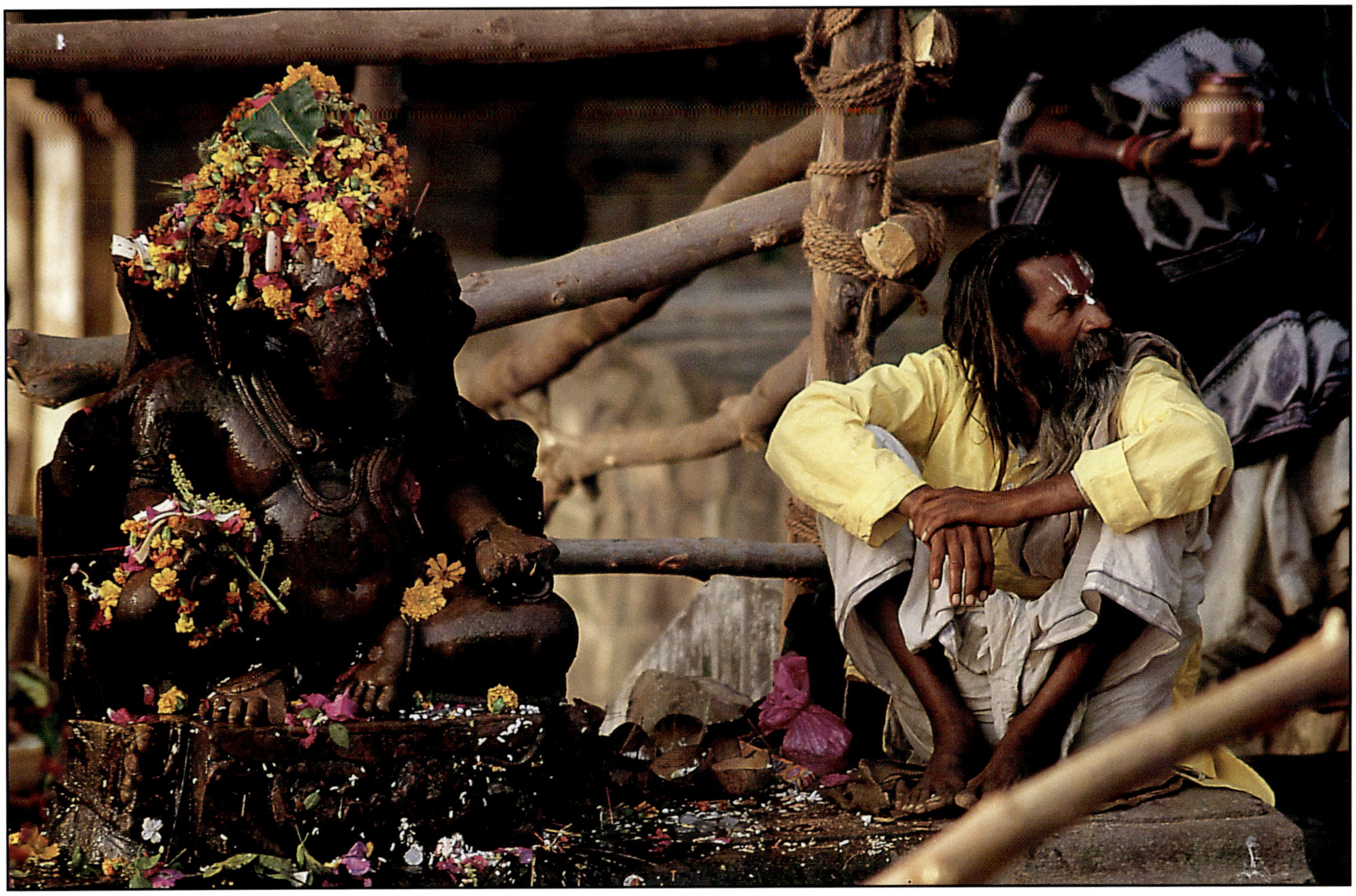

période, ils seront guéris avec la bénédiction du Dieu."

Sikander Lodi arriva à Khajuraho en 1495; heureusement, il ne fit que passer par les temples, ne disposant pas d'effectifs pour les piller et détruire comme il aurait souhaité. Vers le 16e siècle, Khajuraho n'était qu'un tout petit village sans importance. Abul Fazal, dans sa chronique de la Cour Moghole, *Ain-I-Akbar*, n'en parle même pas.

C'est à un ingénieur britannique, T.S. Burt, que l'on doit la redécouverte de Khajuraho. En 1838 lorsqu'il parcourait la région, il écrivit dans son journal: "Quelques sculptures extrêmement indécentes et choquantes que j'ai été horrifié de trouver dans les temples..." Alexander Cunningham fit une étude détaillée entre 1852 et 1885, et dans ses rapports de `l'Archeological Survey'(Volumes II, VII, X et XXI rendus publics en 1871 et 1885), il s'attarda sur les inscriptions, monts et images qu'il trouva éparpillés dans cette région.

Il y a mille ans, ce hameau sauvage sur un terrain

Ci-contre: *les dévots se baignent dans les eaux du lac Sivsagar près des temples du groupe de l'ouest avant de prier dans le temple de Matangeshwar la nuit de Shivratri. Le reste du temps, il n'est pas permis de se baigner dans ce bassin, mais les visiteurs peuvent faire une randonnée en bateau.*

En haut: *un sadhu ramasse les offrandes qu'on laisse à la statue de Ganesh, le dieu-éléphant qui porte le bonheur et élimine les obstacles. L'image de Ganesh assis sur la plate-forme du temple de Matangeshwar et les offrandes en espèces et en fleurs se voient dans cette photo.*

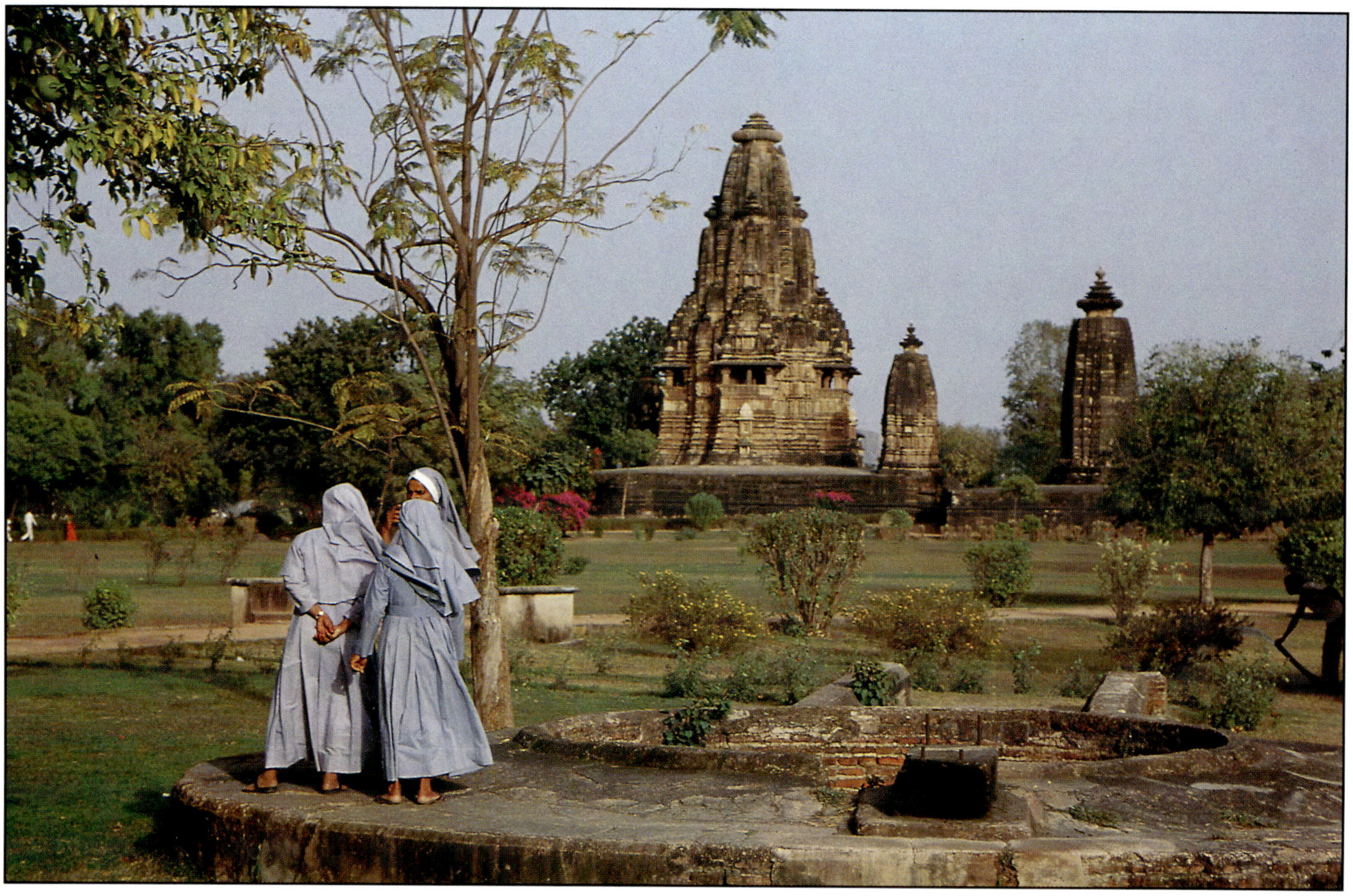

Bien qu'hindous, les temples de Khajuraho ont un message laïc qui attire de nombreux visiteurs. Ici, des nonnes debout sur une plate-forme d'un puits du groupe de l'ouest regardent les temples de Vishvanath et de Parvati.

peu accueillant était une ville prospère et pleine d'animation. Vers la première moitié du 20e siècle, il n'était que l'un des petits villages que l'on trouve partout dans la campagne indienne, à une exception près - dans les parages, un groupe de temples le distinguait des autres. Même la nature semblait différente: finis les *khajurs*, arbres auxquels la ville doit son nom, remplacés par les arbres *mahuas* dont les fleurs dorées servent à faire de l'alcool.

Ce n'est qu'après la visite de Rajendra Prasad, le premier président de l'Inde indépendante en 1953, que 'l'Archeological Survey of India' entreprit la restauration des temples de Khajuraho. Enfin ils furent reconnus à leur juste valeur - 'la trouvaille du siècle, une découverte aussi importante que celle des grottes d'Ajanta et d'Ellora', disait-on à l'époque. A partir de 1953 donc, historiens d'art, savants et voyageurs en quête de l'insolite se sont rués vers Khajuraho, indifférents aux épreuves du voyage, même s'il n'y avait pour tout logement que le petit 'Circuit House' (auberge du gouvernement).

Parmi ces voyageurs, Shyam Poddar et son compagnon Bert Hemphill. En 1955 déjà, les deux hommes comprirent que sur le plan touristique, Khajuraho, c'était un vrai pactole. Mais comment faire connaître ce petit villlage aux touristes internationaux? Khajuraho était à 50 km de la ville, 100 km de la gare; les vols étaient évidemment hors de question.

En janvier 1966, on posa les fondations du premier hôtel moderne de Khajuraho en présence de l05 délégués qui étaient venus en Inde participer à une conférence sur le tourisme international. Leur arrivée à Khajuraho fit sensation. Pour la première fois, cinq avions s'y posèrent sur une piste tout neuve faite avec les moyens du bord. Pas difficile d'imaginer l'ahurissement des villageois: 'Mais comme ils sont drôles ces oiseaux-voitures (*cheel-gadi*), et qui sont ces hommes bizarres aux cheveux dorés et rouges qui sortent de son ventre?' Quant aux délégués, eux aussi, ils goûteront les plaisirs de la vie rurale: à l'aéroport, une échelle procurée du chantier de l'hôtel fera office de passerelle.

Mais l'hôtel, ce n'etait qu'un début modeste; il fallait encore mettre toute l'infrastructure en place. Vols, réseau routier, eau, téléphones - le village de Khajuraho manquait de tout. Mais rien ne pouvait refroidir l'enthousiasme de Shyam Poddar et malgré tous les obstacles, la restauration de Khajuraho commença.

Ses efforts ont porté leurs fruits. Aujourd'hui, Khajuraho dispose de tout: hôtels à cinq étoiles, aéroport, communications modernes, piscines, restaurants gastronomiques, banques, agences de location de voitures. C'est le seul village indien à avoir les enseignes en trois langues étrangères; les Nations-Unies ont déclaré ses temples des monuments de 'l'héritage mondial'.

La grande popularité de Khajuraho commence à se répercuter sur les alentours. Les mines de diamants de Panna, le Palais de Rajgarh et les chutes de Pandav et Raneh sont tout près de Khajuraho. Un peu plus loin est la vieille forteresse de Kalinjar et les beaux monuments d'Orcha. La jungle qui avait envahi les temples a reculé de quelques kilomètres et forme à présent le parc national de Panna.

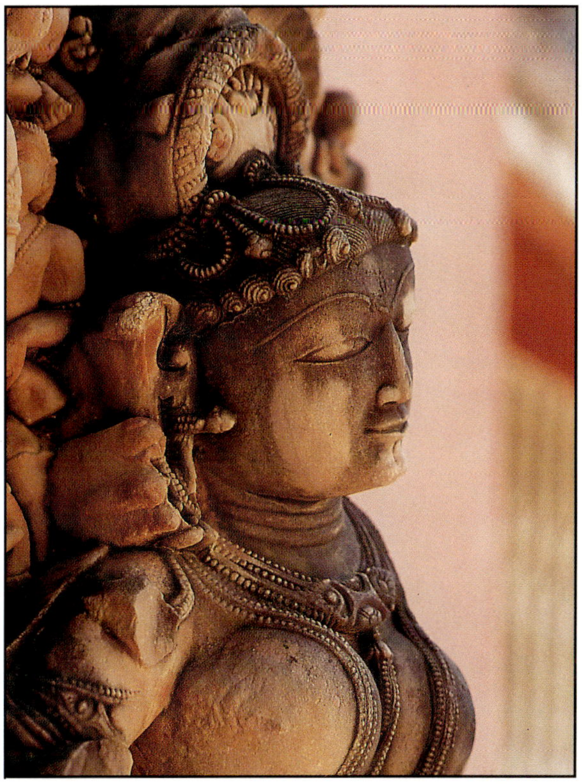

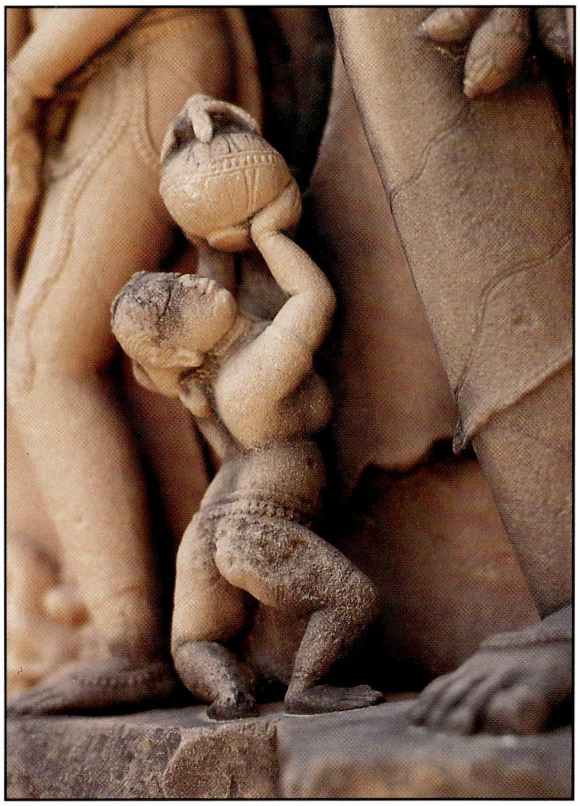

La déesse-fleuve Ganga (en haut) et un nain avec du nectar (ci-dessus). Pour les Hindous, le Gange et le Yamuna sont des fleuves sacrés et leurs figures sont généralement placées à l'entrée du sanctuaire. Ces sculptures sont du musée.

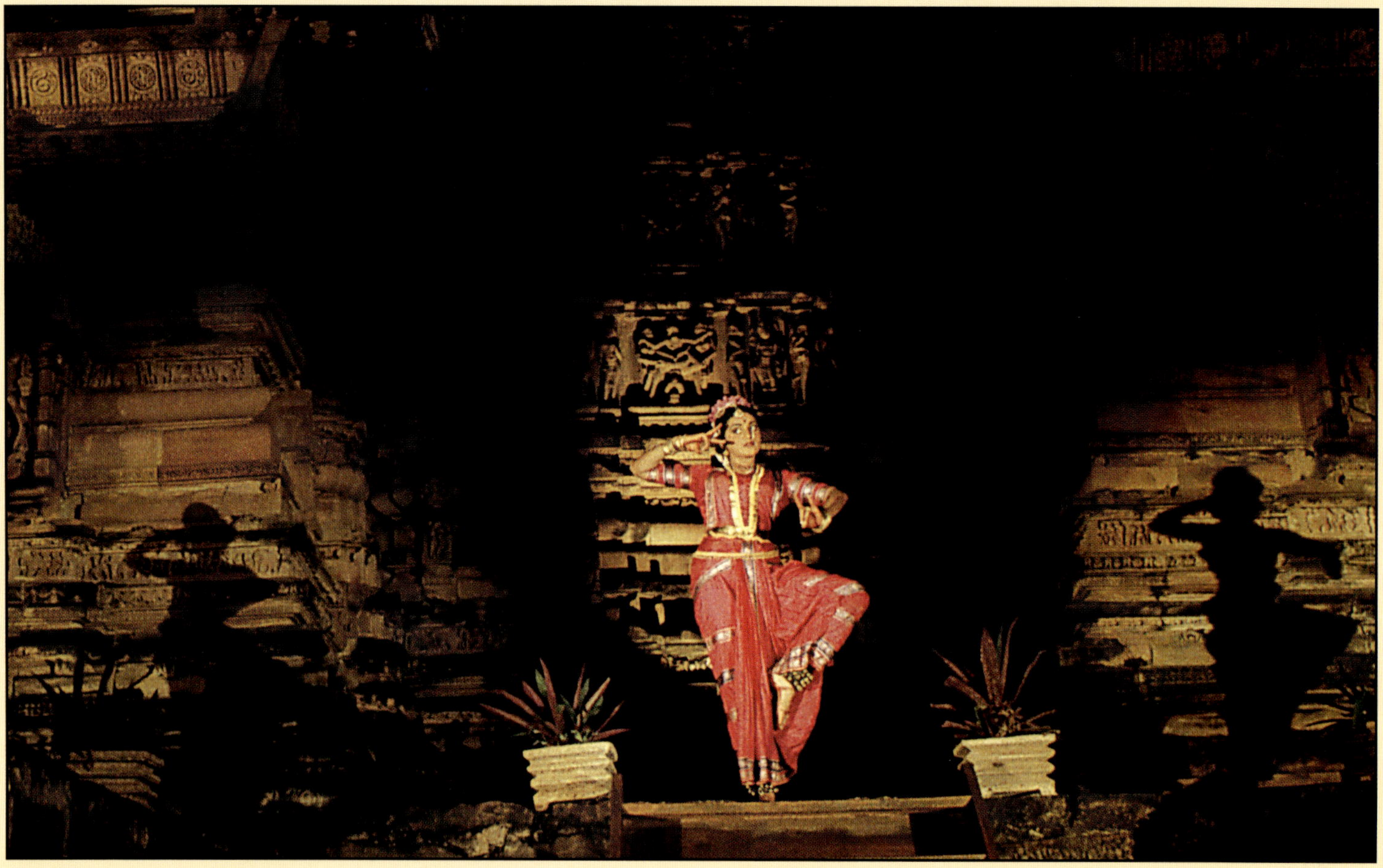

Le festival annuel de danse de Khajuraho réunit les meilleurs talents du pays qui dansent avec le temple comme toile de fond.

Le Festival De Danse

TOUS LES MOIS DE MARS PENDANT une semaine, un festival de danse a lieu dans les temples de l'ouest. Devenu un grand événement international, il est organisé par le service culturel du Madhya Pradesh; au programme, des danses classiques de l'Inde.

Une fois que le soleil s'est couché, le spectacle commence avec comme décor le temple de Vishvanath illuminé. Seuls les grands noms de la danse indienne ont droit d'y participer.

Nul doute que l'emploi des temples comme toile de fond pour les danses classiques - du Bharatnatyam au Manipuri en passant par le Kathak, l'Odissi et le Kuchipudi - est un happening récent. Des sculptures sur les murs des temples dépeignent différentes poses des danses folkloriques de la région; il se peut que dans le passé, des spectacles de danses aient eu lieu dans les temples. Mais elles sont tombées en désuétude et par conséquent ne figurent pas au programme du festival.

Les instruments de musique gravés aux murs sont utilisés de nos jours, accompagnant les danseuses au moment du festival (bien que la musique ne soit qu'un support, le vértiable attrait du festival étant la danse).

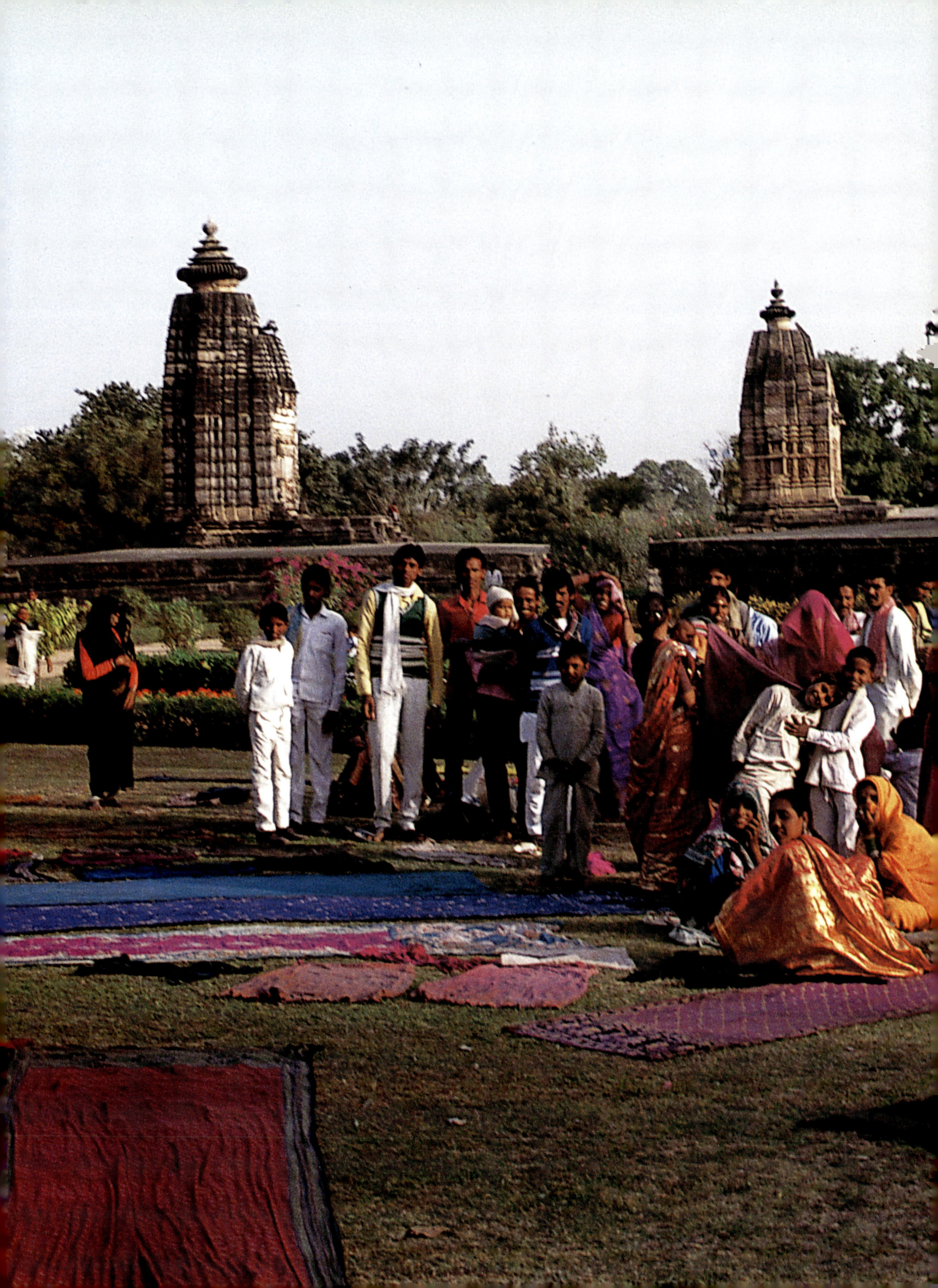

Les Temples: Un Guide

ADINATH

(11e siècle; groupe de l'est)

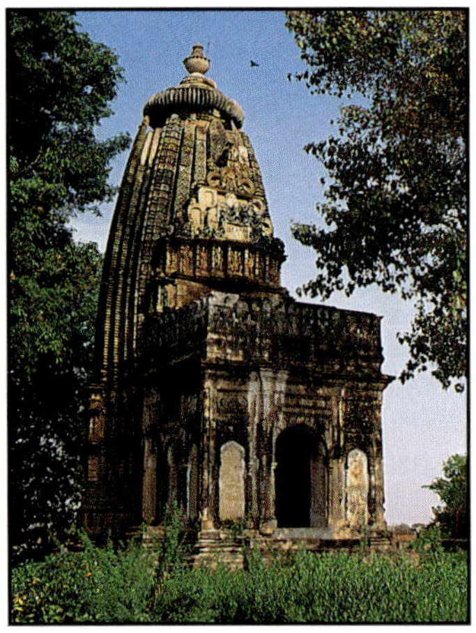

Temple dédié à: Jain (image moderniste d'Adinath)
Architecture: Pareille à celle du Vamana quant au plan; *shikhar* plus léger et équilibré. Ne restent que l'*antaral* et le *garba-griba* sans déambulatoire. (*ardh-mandap* et *mandap* détruits).
Sculpture: Très belles fenêtres treillissées *chaitya*; trois bandes de sculptures des beautés célestes et des divinités. Bande supérieure moins grande que les deux inférieures portant figures des apsaras, serviteurs avec guirlandes et instruments de musique. A ne pas manquer: bande des vidydhars volants. Toit de l'*antaral* possède de très belles sculptures.

BRAHMA

(c.925; groupe de l'est)

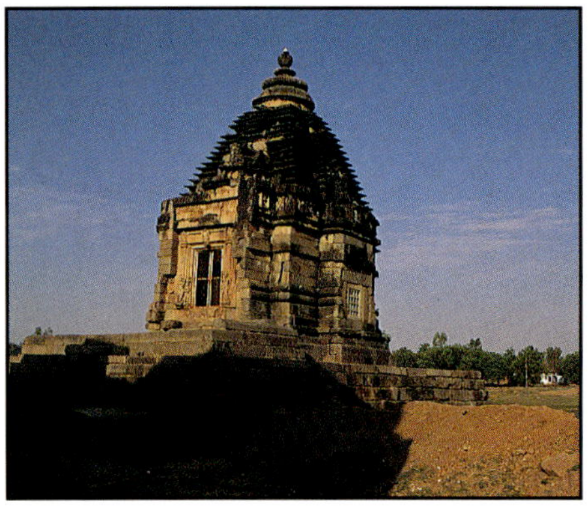

Temple dédié à: Shiva (dédié auparavant à Vishnou)
Architecture: Corpus en granit; *shikhar* en grès. Structure simple avec porche et sanctuaire. Toit pyramidal avec couches en régression.
Sculpture: fenêtres treillissées. Linga impressionnant dans le sanctuaire. Porte sans ornement sauf quelques figures des déesses-fleuves Ganga et Yamuna des deux côtés de la porte et de la base; trinité de Brahma, Vishnou et Shiva au linteau.

CHATURBHUJ

(c.1100; groupe du sud)

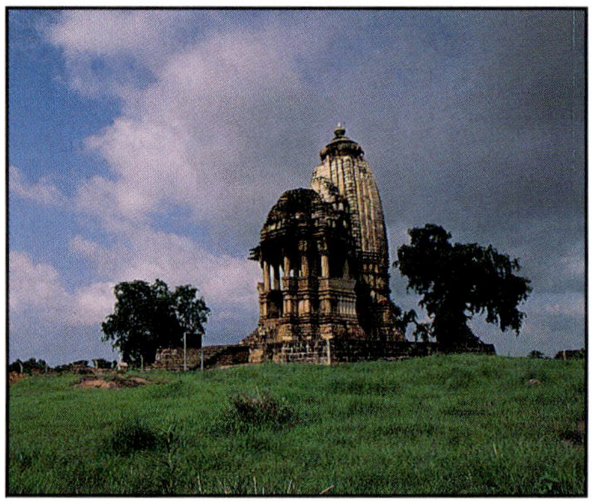

Temple dédié à: Shiva
Architecture: Haute plate-forme; orienté vers l'ouest; *Ardh-mandap, mandap* comprimés; *antaral* et *garba-griba* sans déambulatoire. *Shikhar* lourd mais simple de forme curviligne sans tours.
Sculpture: Absence de sculptures érotiques. Trois bandes de panneaux sculptés à l'extérieur y compris une sculpture de Narsinghi (épouse de Narsingh), la seule de son genre en Inde et de Ardhnarishwar (représentation divine mi-homme mi-femme). Shiva à quatre bras remarquable dans le sanctuaire, il s'agit de l'idole le plus important par sa taille à Khajuraho. Expression d'inspiration bouddhiste. Image hors du commun de Shiva dans son rôle de maître suprême - certains experts sont de l'avis que c'est en fait une image de Vishnou.

CHAUSATH YOGINI

(c.850; groupe de l'ouest)

Temple dédié à: Shakti (64 yoginis qui représentent les différents aspects de Shakti)
Architecture: Structure en granit. 64 cellules en plan quadrangulaire avec cour. Orienté vers le nord.

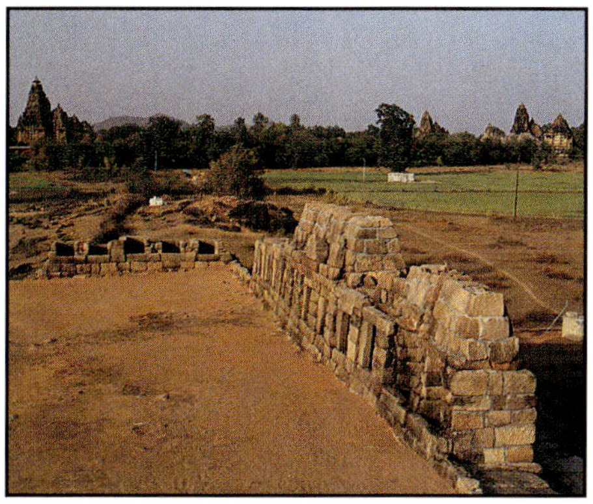

Sculpture: Images intactes en grès - Mahishasurmardini (châsse centrale); Maheshwari et Brahmani (châsses auxiliaires).

CHITRAGUPTA

(c.1000; groupe de l'ouest)

Temple dédié à: Surya (dieu-soleil)
Architecture: En relativement bon état à l'exception du porche qui vient d'être rénové. Plafond octogonal.*Ardh mandap, maha mandap* aux transepts latéraux; *antaral, garbha griha* sans déambulatoire.
Sculpture: Gravures du sous sol représentent scènes de danse et de chasse, guerriers, défilés d'éléphants et cavaliers et graveurs de pierre. Image impressionnante de Surya sur un chariot à sept chevaux dans le sanctuaire. Les sept chevaux représentent les sept jours de la semaine.

DEVI JAGDAMBA

(c. 1000; groupe de l'ouest)

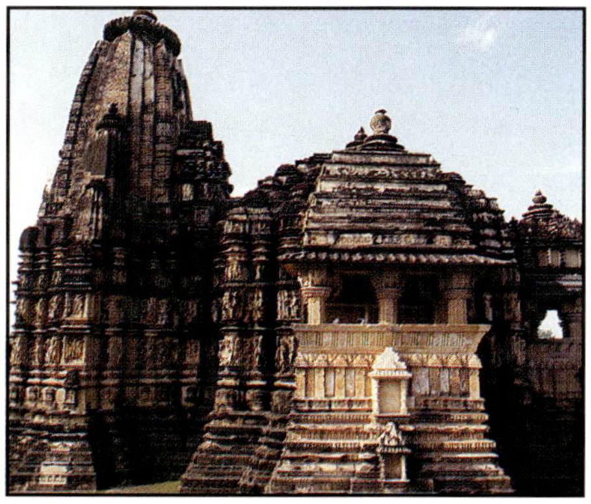

Temple dédié à: Parvati (épouse de Shiva): au départ à Vishnou.
Architecture: Plate-forme commune avec Kandariya Mahadev. 'Ardh-mandap, maha-mandap' aux transepts; 'antaral, garb-griha' sans déambulatoire. Balcons de la salle plus importants que ceux des autres temples; toits soutenus par cinq colonnes.
Sculpture: Trois bandes de sculptures: divinités, nymphes célestes, figures érotiques, femmes en deshabillé gracieuses; amants entrelacés et divinités. Le sanctuaire possède une image peu fine de Parvati (également connue sous le nom de Kali) peinte en noir.

DULADEO

(c.1100-25; groupe du sud)

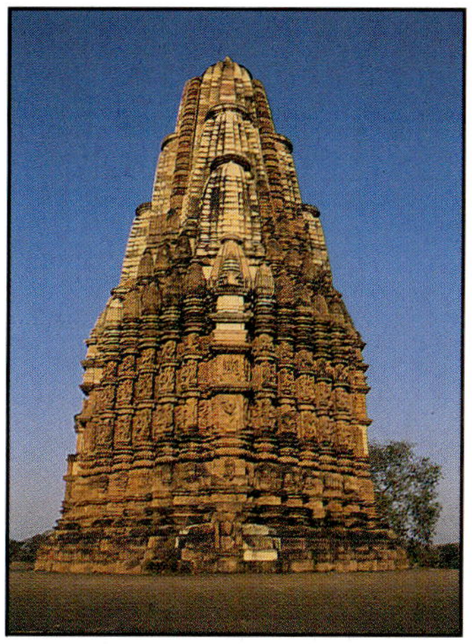

Temple dédié à: Shiva (d'abord dédié à Kartikeya, chef de l'armée divine)
Architecture: Shikhar entouré de trois rangées de shikhars mineurs. Ardh-mandap d'une longueur exceptionnelle. Maha-mandap octogonal. Garbha-griha sans déambulatoire.
Sculpture: Salle d'assemblée aux plafonds encorbellés et corbeaux apsaras. Sculptures complexes. Monotonie plastique et iconographique. Apsara et sept mères-déesses en pose de danse à l'entrée du sanctuaire méritent d'être vues.

GHANTAI

(Fin de l'an mille; groupe de l'est)

Temple dédié à: Jain
Architecture: Conception analogue à celle de Parsvanath. Salle d'entrée et d'assemblée toujours en place grâce au piliers. Plafond plat.
Sculpture: Piliers décorés des motifs cloche et chaine. Porte ornée des seize rêves de Jina, la mère de Mahavira.

JAVARI

(c.1075-1100; groupe de l'est)

Temple dédié à: Vishnou

Architecture: De taille modeste, conception superbe. *Ardh-mandap, mandap* peu importants, *garbha-griha* sans déambulatoire. Corniche saillante au profil courbé sépare le corpus de temple du *shikhar.*
Sculpture: Porche d'entrée flanqué des sculptures gracieuses des nymphes célestes.

KANDARIYA MAHADEV

(c. 1025; groupe de l'ouest)

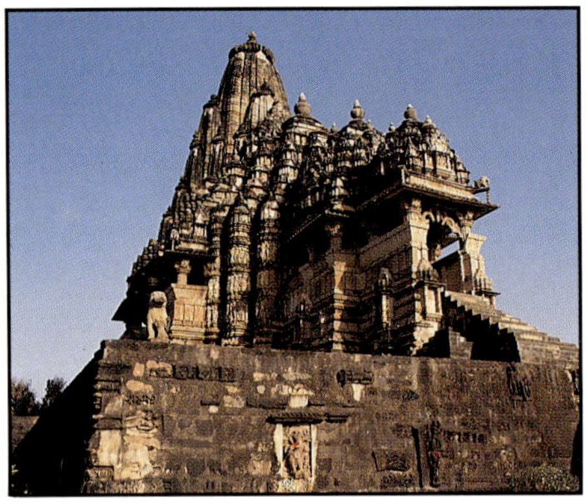

Temple dédié à: Shiva (lingam)
Architecture: Le monument le plus impressionnant de par ses dimensions à Khajuraho. Plate-forme commune avec le temple de Devi Jagdamba et le sanctuaire de Mahadev (qui contient l'emblème Chandela: jeune homme en combat avec un lion). *Panchayatan* - mais tous les quatres sanctuaires auxiliaires ont disparu avec le temps. Cinq compartiments: *ardh-mandap, mandap, maha-mandap* aux transepts latéraux , *antaral, garbha griha* avec déambulatoire et transepts latéraux des côtés et de derrière. *Shikhar* le plus évolué avec 85 facsimilés. Compartiments du toit conçus sous forme de pic de montagne, pourvus d'*amalak* et *kalash.*
Sculpture: Le plus grand nombre d'éléments décoratifs se trouvent au sous sol. Possède aussi le plus grand nombre de sculptures. *Torana* à l'entrée. Mur extérieur du temple se caractérise par son architecture audacieuse et possède trois bandes importantes de figures sculptées. Figures érotiques sont concentrées dans deux zones - au nord et au sud - là où le sanctuaire et le vestibule se croisent. Corbeaux contiennent sept mères-déesses. Porte à sept segments. Porte ornée du sanctuaire avec rouleaux et fauves mythiques, nymphes et déesses fleuves Ganga et Yamuna à la base. Gravures d'un haut degré de complexité au plafond. Sanctuaire simple avec lingam en marbre présente un contraste saisissant avec éléments de décor extérieurs.

LAKSHMAN

(954; groupe de l'ouest)

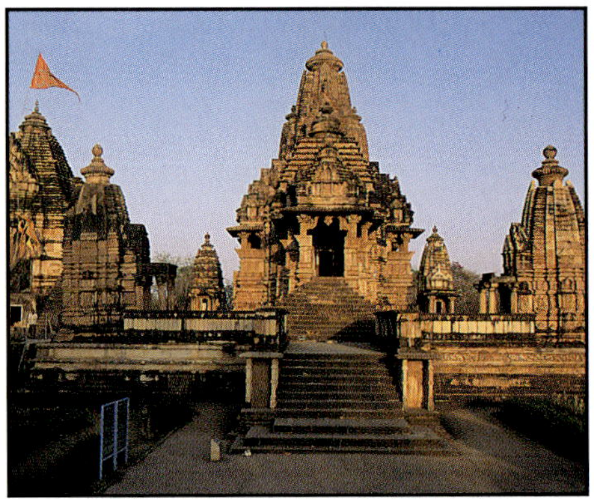

Temple dédié à: Vishnou (cette divinité est connue sous le nom de Ramchandra ou Chaturbhuj).
Architecture: seul temple avec plate-forme intacte. Panchayatan, l'un des sanctuaires principaux avec les quatre sanctuaires auxiliaires. Des auxiliaires seulement un temple reste intact. Chaque châsse a un porche soutenu par deux piliers et un sanctuaire. Le sanctuaire principal consiste d'un *arthmandap, mahamandap, antaral* et *garbhgriha* avec déambulatoire et transepts. *Shikar* et *shikhars* mineurs. Toits pyramidaux.
Sculpture: plate-forme, frises représentant scènes de la vie quotidienne, des mythes religieux, de la chasse et de la bataille, motifs érotiques et bestialité, maître-disciple et panneaux des rois Chandelas. L'entrée du porche a un *makar-torana*, flanqué des gladiateurs. Murs extérieurs ont deux bandes larges de sculptures de divinités, de figures féminines et de couples; corbeaux encadrent les différents avatars de Vishnou; sculpture rare de Rama sur le panneau supérieur; gravure du *panchagni*, le seul de son genre en Inde. La porte du sanctuaire a des gravures des lions, de chérubins, des avatars de Vishnou, des neuf planètes, de Lakshmi et de la scène où les dieux barattent l'océan. Gravures exquises au plafond. Le plafond de l'*arthmandap* est le meilleur en Inde. Le toit est couvert des miniatures de Naga et Kalasa avec feuillage. Sanctuaire le

plus décoré, images de Vishnou --hommes, lions, sangliers et Vishnou à quatre bras.

LALGUAN MAHADEV

(c.900; groupe de l'ouest)

Temple dédié à: Shiva (aucune image présente)
Architecture: ensemble en granit; toit en grès; forme pyramidale; orienté vers l'ouest.
Sculpture: cadre de porte simple.

MATANGESHWAR

(c.900-925; groupe de l'ouest; seul temple qui reste un lieu du culte)

Temple dédié à: Shiva (lingam dans le sanctuaire)
Architecture: Grès. Haute plate-forme au plan carré; plan pyramidal; ouvertures-balcons.
Sculpture: Dépourvu d'ornements. Plafond constitué de couches concentriques superposées. Grand lingam monolithique (l'un des plus grands en Inde du nord) en grès jaune poli - diamètre 3'8", hauteur 8'4" - avec à l'intérieur Gauripatti de diamètre 20'4". Le lingam est le symbole phallique de la puissance créatrice de Shiva.

NANDI

(c.1002; groupe de l'ouest)

Temple dédié à: Nandi (taureau, monture de Shiva)
Architecture: Pavillon indépendant qui fait partie de l'ensemble Vishvanath. Carré, posé sur douze piliers, encadré de balustrades. Toit pyramidal. Plafond circulaire.
Sculpture: Marches flanquées d'éléphants et de lions. Courses concentriques au plafond. Image monolithique colossale de Nandi en face du Seigneur Shiva à l'intérieur du sanctuaire principal.

PARSVANATH

(c.954; groupe de l'ouest; connu également sous le nom de Dhangdev)

Temple dédié à: Jain Parsvanath (originellement

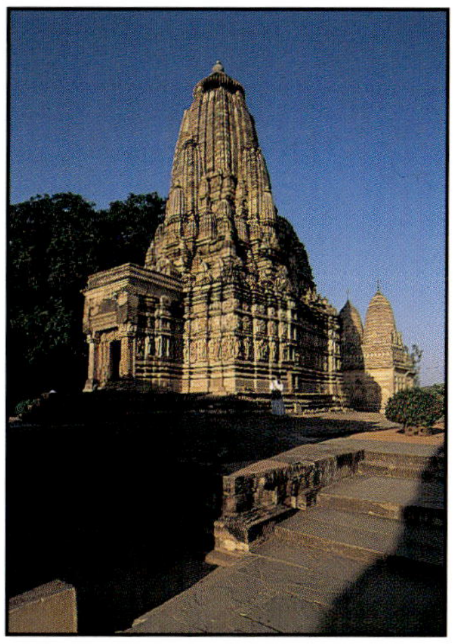

Adinath et antéririeurement, hindou)
Architecture: grès. D'une grande beauté architecturale; conception typiquement hindoue. *arthmandap*, *antaral* et *garbagriha* - les trois derniers encadrés d'un déambulatoire commun. Pas de transept, châsse unique située au fond du sanctuaire. Absence d'ouvertures-balcons. Le plus grand et le mieux préservé des temples jaïns.
Sculpture: Entrée du porche ornée avec cinq pendants. Pendant central gravé de motifs floraux qui aboutissent à deux figures volantes entrelacées. Représentation extravagante du panthéon hindou. Chakreshwari à dix bras; Parasuram; Balram-Rewati; Ram-Sita; Hanuman. Les divinités jaïnes ne se trouvent que dans les niches. Les murs extérieurs du sanctuaire ont des sculptures gracieuses des nymphes célestes - écrivant une missive, se retirant une épine du pied, se colorant la plante des pieds, jouant des instruments de musique, etc. Au sanctuaire on trouve l'image de Parsvanath, flanquée d'une figure mâle nue à gauche et celle d'une femme nue à droite.

PARVATI

(c.950-1000; groupe de l'ouest)

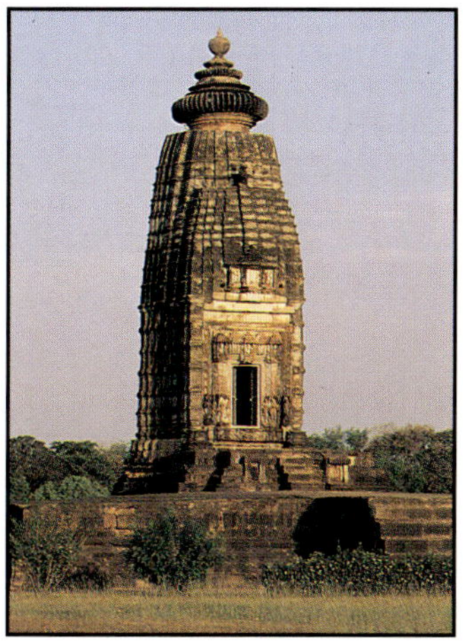

Temple dédié à: Parvati (épouse de Shiva)
Architecture: Modernisé. En toute probabilité, auxiliare d'un autre temple. Porche qui manque; il ne reste que la plate-forme du sanctuaire.

SHANTINATH

(c.1028; groupe de l'est)

Temple dédié à: Jain (image d'Adinath)
Architecture: Modernisé. Enceinte des cellules du sanctuaire conservée.

VAMANA

(c. 1050-75; groupe de l'est)

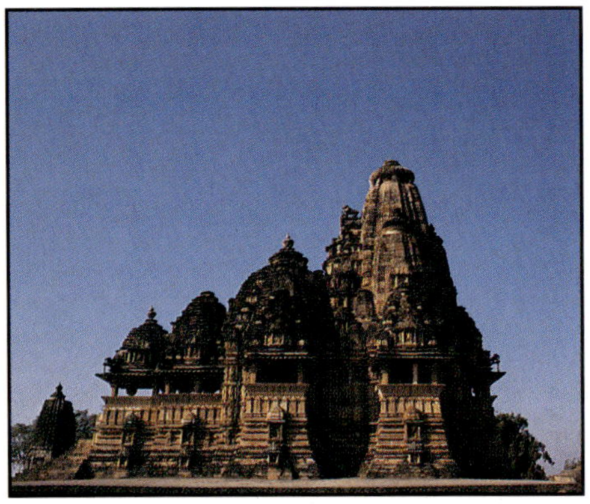

Temple dédié à: Vishnou (Vamana est l'incarnation nain de Vishnou)
Architecture: Plate-forme élevée. Ardh-mandap (dont seulement un plinthe subsiste), maha-mandap aux transepts latéraux, antaral, garba-griha sans déambulatoire) Shikhar à une seule tour massif.
Sculpture: Shikhar aux arcs chaityas. Scénes érotiques quasi absentes-limitées aux niches auxiliaires du toit. Dans les niches principales du sanctuaire on voit des figures de la trinité- Brahma, Vishnou, Shiva avec leurs épouses à la partie supérieure et les incarnations de Vishnou à la partie inferieure. A l'interieur du sanctuaire, une figure du Bouddha à même le sol. La figure principale est celle du Vamana à quatre bras dans un cadre orné.

VARAHA

(c.900-925; groupe de l'ouest)

Temple dédié à: Varaha (avatar sanglier de Vishnou)
Architecture: Pas de plate-forme. Partie inférieure du plinthe en granit, partie supérieure en grès. Salle rectangulaire au toit pyramidal abrite une statue énorme de sanglier.
Sculpture: Le plafond est orné d'un grand lotus en relief, encadré de rosaces. Image monolithique de Varaha gravée de grès jaune, accompagnée d'un serpent Sesha et de la déesse de la terre. L'image est décorée de 674 figures des dieux et déesses soigneusement disposées en rangs; parmi elles figurent celles de Brahma (créateur), de Vishnou (qui maintient l'ordre), de Shiva (destructeur), de Saraswati (déesse de la connaissance), de Ganga (fleuve), des *nagas* et des *naginas* (serpents mâle et femelle) et *dipkals* (gardiens des quatre points cardinaux)

VISHVANATH

(c.1002; groupe de l'ouest)

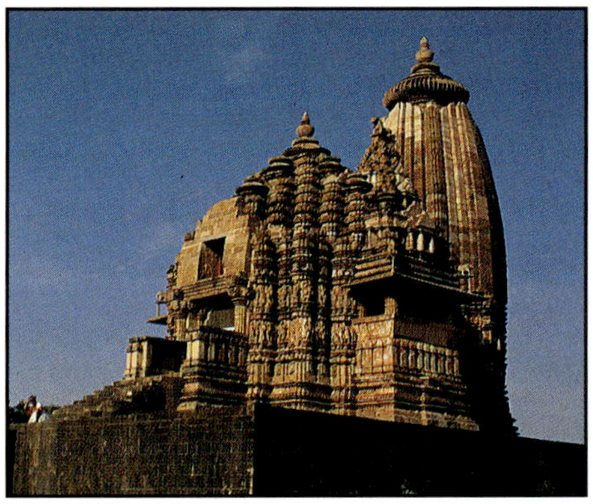

Temple dédié à: Shiva (lingam en pierre-au départ lingam en pierre et émeraude.)
Architecture: Plate-forme commune avec pavillon de Nandi en face du sanctuaire principal. *Panchayatan* - des quatres sanctuaires auxiliaires, il n'en reste que deux. Le sanctuaire principal possède un *ardh-mandap, mandap, maha-mandap* aux transepts, *antaral, garba-griha* et déambulatoires et transepts de deux côtés et derrière.
Sculpture: L'un des sanctuaires possède un lingam et l'autre une image de Durga (épouse de Shiva). Il y a trois bandes de figures sculptées. Le plafond est chargé des gravures à motif floral. A l'intérieur du temple, la salle principale et le passage du sanctuaire contiennent de très belles sculptures. Parmi les plus belles: femme jouant de la flûte; mère caressant son enfant; nymphes célestes en pose de danse qui se regardent dans un miroir. On y voit également des exemples de l'art érotique.